古典文獻研究輯刊

三八編

潘美月・杜潔祥 主編

第 38 冊

太玄集義（第二冊）

劉韶軍 整理

國家圖書館出版品預行編目資料

太玄集義（第二冊）／劉韶軍 整理 -- 初版 -- 新北市：花木
蘭文化事業有限公司，2024〔民 113〕
目 4+152 面；19×26 公分
（古典文獻研究輯刊 三八編；第 38 冊）
ISBN 978-626-344-741-7（精裝）
1.CST：（漢）楊雄 2.CST：太玄 3.CST：注釋
011.08   112022605

古典文獻研究輯刊
三八編　第三八冊　　　　　ISBN：978-626-344-741-7

太玄集義（第二冊）

作　　者　劉韶軍（整理）
主　　編　潘美月、杜潔祥
總 編 輯　杜潔祥
副總編輯　楊嘉樂
編輯主任　許郁翎
編　　輯　潘玟靜、蔡正宣　美術編輯　陳逸婷
出　　版　花木蘭文化事業有限公司
發 行 人　高小娟
聯絡地址　235 新北市中和區中安街七二號十三樓
　　　　　電話：02-2923-1455／傳真：02-2923-1452
網　　址　http://www.huamulan.tw 信箱 service@huamulans.com
印　　刷　普羅文化出版廣告事業
初　　版　2024 年 3 月
定　　價　三八編 60 冊（精裝）新台幣 156,000 元　　版權所有 · 請勿翻印

太玄集義（第二冊）

劉韶軍 整理

目
次

童

☶ 童：陽氣始窺，物僮然咸未有知。

范望曰：一方二州一部三家。天玄，陽家，三木，下上，象蒙卦。行屬於木，謂之童者，立春之節，萬物孚甲始出，枝葉未舒，故謂之童。童之初一，日入營室四度。

章詧曰：準蒙，陰家，行水。

司馬光曰：陰家，木，〔準蒙〕。范曰：立春之節，萬物孚甲始出，枝葉未舒，故謂之童。光謂：陽氣微見地上，故曰始窺。

鄭氏曰：童，徒東切。說文：未冠也。《玉篇》云：古之用字，幼童謂童，僮僕為僮。

陳仁子曰：童者陽長而未甚有適也，其體已具，其用未著，最用功崇養之時。《易》曰：蒙以養正，聖功也。夫蒙云者，指赤子之心言也。蒙未知於聖而可以語聖者，養之之功也。是童蒙也本純而不雜也，本善而無惡。易以陽阻於險而止，未有所適，則以蒙體之。《玄》以陽次於過而來，未有所立，則以童體之。凡二之出泥，三之以明，八之擊刺，皆淑而養之者也。是可驗崇養陽剛之功。

葉子奇曰：始窺，初可見也。僮然，無知貌。童之初一，日入營室四度。

陳本禮曰：陰家，三，木，下上，卦準蒙。《傳》：《穀梁》羈貫成童，又牛羊之無角者亦曰童。此狀萬物之孚甲甫出，蠢蠢然如童蒙之無知也。窺，小視也。陽氣微見地上，故曰始窺。

孫澍曰：童準蒙，物與人童，《太玄》以警昏知吝。童，僮無知貌。

鄭維駒曰：艮為童，故稱童。

鈴木由次郎曰：第十二首，陰，三木，一方二州一部三家。僮然，僮通童，幼童貌。陽氣始現地上，草木外皮已脫而出枝葉，此時所生，其貌如童蒙無知自然。

初一：顓童不寤，會我蒙昏。

范望曰：木之初發蒙蒙然，故言不寤也。我，為〔三〕也，三是進德修業之時，今一幼稚，若初發之木，未修小學，不欲要三，童已之蒙，故言會我蒙昏也。

司馬光曰：一為思始而當夜，顓童之人不寤於學，終亦歸於蒙昏而已。

鄭氏曰：顓童，顓固也。童，稺也。

葉子奇曰：顓蒙，昏屯貌。會我，即《易》言求我也。一在蒙初，是顓蒙而未開竇，宜當求我以發其蒙也。

陳本禮曰：水，夜。竇，覺也。一在蒙初而當夜，以顓蒙之童，欲求師以開其覺悟，宜有以發其蒙而開其竇也。無知所求之人，即屬蒙昏之人，蓋誤投其師，故曰恐終晦也。

鄭維駒曰：童之蒙即我之蒙，會者歸咎之詞。

鈴木由次郎曰：二月九日，夜，水。顓童，無知幼童，顓通專。無知幼童，求師以開啟其無知，然終不能悟。此因所求之師，亦同樣無知。

文字校正：范注本童首初一測辭：「童不竇，恐終晦也」。今按：范本「童」上脫「顓」字，當以《集注》本作「顓童不竇」為是。初一贊辭：「顓童不竇，會我蒙昏」，測辭引贊辭之語，故當作「顓童不竇」，四字為句，《太玄》有測辭引贊辭省括例，然其省者或省括數句為一句，或省括長句為短句，皆為文句整齊故。此無端略去「顓」字，以三字為句，則與「恐終晦也」之句參差不齊，知不可省，當引原文四字為句，始稱整齊。范本脫「顓」字，《闡秘》本沿其誤，亦無「顓」字，皆非《太玄》原文，並當據《集注》本改正之。《法言‧學行》序：「倥侗顓蒙」，注：「顓蒙，頑愚也」。童首準《易‧蒙卦》，皆昏愚之意，當以「顓童」連文，而言不竇、蒙昏、終晦，意正相應，可證省去「顓」字單言童者，稍嫌無理也。

測曰：顓童不竇，恐終晦也。

范望曰：不早要三，以致晦闇也。

葉子奇曰：晦不明也。

陳本禮曰：可為求師者戒。

鄭維駒曰：終晦者，終為夜人也。

次二：錯于靈蓍，焯于龜資，出泥入脂。

范望曰：脂，美也，謂榮祿也。二為火，故曰焯。蓍曰筮，龜曰卜，卜者所以決疑。言出泥入脂者，言卜〔下〕從污泥之中，出求榮祿之處也。

司馬光曰：王本龜資作元龜，而注云：灼於元龜，資取吉凶之兆，蓋經誤也。焯與灼同。比，頻寐切。泥，滯泥之象。脂，所以為明也。二為思中而當晝，能以闇求明，如錯蓍焯龜以決其疑，出於滯泥而入於光明，故曰比光道也。比，近也。錯者，錯綜蓍數以筮也。

鄭氏曰：錯，倉各切，雜也。錯於靈蓍，謂雜占休咎也。比，毗至切。注云：親也。

葉子奇曰：錯綜其靈蓍以筮，鑽焯其龜資以卜，所以決疑解惑也。泥滓，濁之地。脂膏，潤之物。二在思之中，晝之陽，是童蒙能求決其疑，解其惑，既能如此，是出于滓濁之中，而就膏潤之益也。

陳本禮曰：火，晝。焯同灼。錯綜其蓍以筮，鑽灼其龜以卜，同為決疑解惑之物，而龜之為用異於蓍，凡灼龜先必以脂塗其甲而炙之，觀其釁坼以占吉凶，此以比童子之就學，而光明亦如龜之出泥而入脂也。

鄭維駒曰：互震為草莽，蓍象坎為通，故靈。艮手左右撲之，故錯。坎伏離，離為龜，蒙亦離宮卦。出泥者免乎溝瀆也。入脂者，燭乎隱伏也。一為沙泥，二在其上，故出泥，坎為膏，故脂。

鈴木由次郎曰：二月十日，晝。室四度，蟄蟲始振。火。錯於靈蓍，操作蓍策以筮。蓍，蓍草，蓍竹。焯於元龜，灼燒龜甲以占卜。出泥，去掉龜甲上附之泥。入脂，塗脂於龜甲，灼之而見其裂紋，以占吉凶。以喻無知童子，接近明德之人而獲光明。

文字校正：童首次二：「錯于靈蓍，焯於龜資，出泥入脂」。范本、《集注》本皆作「龜資」，王涯本作「元龜」。今按：「龜資」不辭，當依王涯本作「元龜」。「焯於元龜」，與「錯於靈蓍」，文例相同，文意亦一。「焯」與「灼」通，《廣雅·釋詁》二：「焯，灼也、爇也」。《漢書·楊雄傳》上《集注》：「焯，古灼字」。《文選·羽獵賦》：「焯爍其陂」，注：「焯，古灼字」。是皆「焯」「灼」相通之證。「灼」與「錯」對，灼謂燒灼，錯謂錯撲。「龜」與「蓍」對，此二者皆古之占卜之物。《易·損卦》：「十朋之龜」，注：「龜者決疑之物」，《楚辭·惜誓》：「放山淵之龜玉兮」，注：「龜，可以決吉凶」，《詩·下泉》：「浸彼苞蓍」，《傳》：「蓍，草也」，《楚辭·匡機》：「蓍察兮踴躍」，注：「蓍，筮也」。《國語·晉語》：「受決疑之以卜筮」，注：「龜曰卜，蓍曰筮」，《儀禮·士冠禮》：「筮於廟門」，注：「筮者，以蓍問吉凶于易也」。「筮與席」，注：「筮，所以問吉凶，謂蓍也」。《易象》：「初筮吉」，注：「筮者，決疑之物也」。灼龜、錯蓍，古之占卜術也，謂燒灼龜甲觀其裂紋以卜吉凶，錯綜蓍草觀其數變以筮吉凶也。故古常以「蓍龜」連文而言之，《易·繫辭》上傳：「莫善乎蓍龜」，《白虎通》有《蓍龜》篇，《漢書·藝文志》：「莫善於蓍龜」，皆其例也。「元龜」即用於占卜之大龜，《書·金縢》：「今我即命於元龜」，馬注：「元龜，大龜也」。或言「靈

龜」,《爾雅‧釋魚》:「二曰靈龜」,《書‧大傳》:「靈龜」,《易‧頤》:「舍爾靈龜」。靈亦訓巫,《廣雅‧釋詁》四:「靈,巫也」。《太玄》此贊以靈言著,猶以靈言龜也。既言靈,又言元,錯文求變以免行文呆滯也。靈著、元龜,皆謂占卜巫筮之龜著也,此亦相對為文。若作「龜資」,則與為著不對,不合文例,且於文意亦難通矣。測辭省作「錯著焯龜」,「龜」「著」並稱,亦證贊辭當以「元龜」「靈著」為對也。范注:「著曰筮,龜曰卜,卜者所以決疑」。亦以龜著對言,而不及「資」字,是范氏所見本原文亦無「資」字也。《集注》引王涯曰:「灼於元龜,資取吉凶之兆」,又曰:「蓋經誤也」,知司馬光《集注》時,意亦王涯本作「元龜」為是,然猶作「龜資」,未從王涯本者,不知何故。盧校:「何焯云:《周禮》有『幣資』、『財資』,龜乃寶貨,故言『龜資』」,是猶以作「龜資」為是,然其說實為牽強,《太玄》文意言卜筮也,與龜為寶貨何涉?知其非是。

　　童首次二:「出泥入脂」,范注:「脂,美也,謂榮祿也」。出泥入脂者,言卜從污泥之中出求榮祿之處也。《集注》:「泥,滯泥之象,脂所以為明也」。以暗求明,出於滯泥而入於光明。二說大意同。楊氏以泥、脂之物喻其理也,此童蒙之家,泥以喻童昏,脂以喻明達,測辭:「比光道也」,光亦言明,可證。得其理則可施於萬事萬物,雖不細較其為何事物亦可矣。脂有美義,又有明義,泥有汙義,又有滯義,二說皆得其一。楊氏用泥、脂二字,實用其本義也,施用其理於萬事萬物,則究為何指,隨其所施而定,不必限於一物一事也。

測曰:錯著焯龜,比光道也。

　　范望曰:比,親也。親求光榮之道也。

　　葉子奇曰:比,親也。光道,明德之人也。

　　鄭維駒曰:非即民之輝光,而固已與之比矣,二為火,故曰光道。

　　文字校正:童首次二測辭:「錯著焯龜,比光道也」。范注:「比,親也」。《集注》:「比,近也」。比可訓親,亦可訓近,親、近義亦相通。此數字統言之則可通,析言之則有別。鑒於《太玄》此贊之意,當以訓近為是。贊辭:「錯于靈著,焯於元龜,出泥入脂」,言所以占卜者,為求「出泥入脂」也。泥汙喻闇,脂可燃喻明,出暗入明,即謂去暗而近於明也。故測辭:「比光道也」。謂以占卜決疑、去暗而比近于光明之道也。《詩‧皇矣》:「克順克比」,毛《傳》:「擇善而從曰比」。《太玄》此「比」,亦兼有此義,而與錯著灼龜卜筮之事相

應。卜筮者，決疑以求吉凶臧否也，既知吉凶臧否，則當惟吉善是從，而去凶否也。童首之義，童昏為凶為否，光明為吉為善，故而「錯著灼龜，出泥入脂」，務于光明之道擇而從之，比而近之也。次四范注：「徙義從善，親近於五」，亦此意也，可為此證。

次三：東辰以明，不能以行。

范望曰：辰，時也。時明論明師也。家性為童。童而未闇，幸見明時〔師〕，不能行求，意〔已〕已〔己〕之蒙，故孔子曰：聞義不能徙，此之謂也。

司馬光曰：小宋本奚不逝作奚不可逝，今從諸家。三為成意，如東方已明，可以行矣，而不能行，失時不學者也。

葉子奇曰：三屬木，為震，東辰也。三逢暗幽之地，不能從明，猶東方既明，尚不能行也。此童蒙有明師而不學，庸君有良臣而不任之象也。

陳本禮曰：木，夜。辰為大火心星也。三屬木，木能生火，木火通明，此喻童蒙既有美質，又有明師，而不肯學也。

鄭維駒曰：三為夜人，然當坎九二，爻在辰，東辰明而不能行，亦終於夜人而已矣。

鈴木由次郎曰：二月十日，夜，木。東辰，辰指心星，大火。東方天空心星明亮閃光，然不能成行。喻童蒙之人雖有優秀素質，卻不知求明師以學。

測曰：東辰以明，奚不逝也。

范望曰：何不往而學也。

文字校正：童首次三測辭：「東辰以明，奚不逝也」。宋惟幹本作「奚不可逝」，《集注》本、范注本作「奚不逝」。今按：當作「奚不逝也」。童首為陰首，次三為陽贊，陰首陽贊，時又當夜，其辭當咎。其贊辭曰：「東辰以明，不能以行」，「以」通「已」，謂於童蒙之首，幸得明時也。童蒙之人則當順時而往行求學以去其無知，然卻不能以行，當往而不行，是即咎辭。測辭正承此而言，奚，何也，逝，往也，「奚不逝」，謂何不前往而求學也。當往而不往，故以「何」字問之。然則贊辭測辭文意正相符合（次四范注：「三見明師而未能就」，亦當往而不往之意，可為此證），若作「奚不可逝」，則謂欲學而不得往，故問以「奚」，然則其意便與贊辭乖舛不合矣。以是知當作「奚不逝也」。《闡秘》本改「東辰以明」為「已明」，「以」「已」古既可通，則不煩改也。

次四：或後前夫，先錫之光。

范望曰：前夫謂三也。三見明師而未能就，四雖在後，徙義從善，親近於五，附著賢者，先見榮飾，故曰先錫之光也。光謂公侯也。

章詧曰：四為晝，君子也。喻學之時或在三後，雖居其後，君子之道益屬誠心，反先釋蒙而至明悟，其道光明，若天所錫，謂光大也。

鄭氏曰：或後，《群經音辨》云：胡苟切，居其後也。胡姤切，從其後也。或後前夫，以從其後為義也。先錫，《群經音辨》云：先，前也，思天切。先，前之也，思見切。按：前謂居其前也，前之謂出其前也。先錫之光，以出其前為義也。

葉子奇曰：夫謂人也。四以陽明敏智之資，如蒙童或後于人而學，乃能前人而達，是先畀之以光大之道也。

陳本禮曰：金，晝。

孫澍曰：後，後王，先光大，謂先朝也。前夫，黃髮之人，光，有光老臣，功業素著，故錫之詩曰為龍為光是也。四為當晝，童昏之人，介臣雖在先朝，相邁國家，丕顯鴻業，然如此沖人何，蜀漢武鄉侯諸葛君之于劉後主，其證也。

鄭維駒曰：比之上六為後夫則蒙之九二為前夫，前夫為發蒙之師，學者能從其後受其啟迪，則於同學中先發其蒙矣。艮輝光互坤，地道光，故曰錫之光。

鈴木由次郎曰：二月十一日，晝，室五度，金。四在前之男（指三）之後，三見明師亦不就，四在三後，善求明師，以親五之賢者，故先於三而得光榮。

文字校正：童首次四：「或後前夫，先錫之光」。測辭：「或後前夫，先光大也」。范注本、《集注》本同，《道藏》本贊作「光錫之光」，測作「元光大也」，均為不辭，「光錫」之「光」，為「先」字之訛，蓋涉「錫之光」、「光大」之「光」而訛，「元光大之」之「元」，為「先」之壞字。童之次四，為陰首陰贊，時當晝，辭當休。《集注》此贊闕文，范注：「前夫謂三也」，三見明師而未能就，四雖在後，徙義從善，親近於五，附著賢者，先見榮飾，故曰「先錫之光」也。「先錫之光」，故測辭曰：「先光大也」，其意一也。若依《道藏》本則不可通。范說得之，《道藏》本訛誤並當改正。

測曰：或後前夫，先光大也。

范望曰：得君之光，以為大也。

次五：蒙柴求兇，其德不美。

范望曰：五處天位，升在童蒙之世，若幼眇之君，禮儀未備，盤于遊田，蒙突林木，以求兇獸，雖實得之，君子不貴，故曰其得不美也。

司馬光曰：闕。

葉子奇曰：五以蒙童之君，在福祿之中，是以恣為佚樂，而有荒亡之行也。言其日但蒙冒柴木之中，以求虎兇，是從獸無厭其得，豈足美乎。

陳本禮曰：土，夜。

孫澍曰：柴，塞也。兇，猛獸，角長三尺，善抵觸，非可塞而求，倘塞而求必致抵牾，故曰不美。漢武之於單于，大出兵以征之，彫罷中國，蠹耗府庫，幾致覆亡，何戾之有？

鄭維駒曰：坎木堅多心，叢棘蒺藜，皆柴屬也。互坤為牛，故稱兇。五為主，故有所求者大，然蒙柴以求，即得之，故非福也。

鈴木由次郎曰：二月十一日，夜，土。蒙柴，以柴掩蒙之處。田獵而於蒙柴之處獲野牛，然其所獲不美。

文字校正：童首次五：「蒙柴求兇，其德不美」，《集注》本作「得」，范注本作「德」，今按：當作「得」。測辭：「蒙柴求兇，得不慶也」。二家同，測辭「得」字，即贊辭之「得」字，此可證當作「得」。贊辭「求兇」，有求故有得，「求」與「得」字相應。若作「德」則與求兇、得之不合，此亦可證。范注：「五處天位，以求兇獸，雖實得之，君子不貴，故曰其得不美也」。又曰：「得之不美」，皆言「得」而不言「務」，知范本原亦作「得」而不作「德」。今范本贊辭作「德」，乃「得」之訛，其測辭猶作「得」而未誤也。清代陳本禮《太玄闡秘》本作「德」字，猶沿而未改。范注：「若幼眇之君，禮儀未備，盤于游田」，《闡秘》本作「盤游于田」，亦誤。范注「盤于游田」，乃用《書·無逸》「文王不敢盤于游田」之語，《書·五子之歌》又有「盤遊無度」句，即「盤于游田」之省，陳氏不察其由，即據「盤遊無度」臆改「盤于游田」，實為大誤。

測曰：蒙柴求兇，得不慶也。

范望曰：得之不道，故不以所獲相慶也。

陳本禮曰：成帝常自稱富平侯，家人出入郊野遠至旁縣，鬥雞走馬，此所謂蒙柴求兇也。

次六：大開帷幕，以引方客。

范望曰：六為宗廟，春秋祭祀以神事之，故開帷幕，延要賓客也。

司馬光曰：帷幕，蔽明之物也。六為上福，又為盛多，如人君延納四方之士，無有壅蔽也。舜賓於四門，明四目，達四聰。

葉子奇曰：六居福隆之地而值陽明，其力足以養士，其資足以進道，故能大開帷幕，以招延四方賢俊，如曹參之開東閣者是也。其能資眾才以進己之德也必矣。

焦袁熹曰：開帷幕，引方客，資眾人之明以為明，童蒙之道，固當如是。方客，四方之客也。

陳本禮曰：水，晝。方客謂賢良方正之士，六值童世，猶沖幼之君，欲延納老臣輔弼，如周成王之納多士，唐太宗之開文學館，以延賢俊，所謂大開帷幕以引方客也。

鄭維駒曰：人之童必求師其長也，又必求友，次六近君，當禮賢下士，以發其蒙，且以發君之蒙也。

鈴木由次郎曰：二月十二日，晝，室六度，水。帷幕，遮蔽日光之幕，在旁曰帷，在上曰幕。大開門戶，招聘四方賢明之士，而不遮蔽之。

文字校正：童首次六：「大開帷幕，以引方容」。范注本作「方客」。今按：「方容」不辭，當作「方客」。以引方客，正與「大開帷幕」及測辭「覽眾明也」諸語相應，可證當作「方客」。《集注》：「如人君延納四方之士」云云，亦為招延方客之意，可證《集注》本原亦當作「方客」，「客」「容」形近，聲韻皆遠，不可通假，故易誤也。《論語‧鄉黨》：「居不客」，《釋文》：「『客』本作『容』」，《禮記‧祭義》：「容以遠」，《正義》：「或『容』乃『客』字」，《莊子‧天地》：「此謂德人之容」，《釋文》：「依注當作『客』」，皆其例也。《集注》本「客」訛「容」者，亦轉抄者之手誤。

測曰：大開帷幕，覽眾明也。

范望曰：覽照四方，故明也。

陳本禮曰：此謂漢平帝也。平帝踐祚年始九歲，然能選署師友，以大司徒孔光明經高行為師，以京兆尹金欽家世忠孝為友。覽眾明者，猶闢門達聰之謂也。

鄭維駒曰：引方客者非好結納也，欲覽眾明以發其蒙也。三代下大臣有近

君之嫌，無吐哺之風，若三公子之好客，公孫宏之東閣，竟陵王之西邸，亦結納而已矣。

次七：脩侏侏，比于朱儒。

范望曰：脩，長也。七為無道，故云侏侏。侏侏，無所知也。朱儒，未成人也。七雖長大，而不學道，侏侏然若未成之人也，故以侏儒為諭焉。

司馬光曰：侏，音株。脩，長也。侏侏，長大貌。七為七十年，年已長矣，而當日之夜，雖侏侏然長大，其智識乃比于朱儒，不免童蒙也。以象居君子之位，行小人之道者也。

鄭氏曰：侏侏，侏當作朱，《莊子》云：人謂我朱愚朱儒，朱當作侏，《晉語》云：侏儒扶盧扶緣也。

林希逸曰：脩，長也。侏侏，長大之貌。朱儒，短小也。年長而有童心，不足有為也。

葉子奇曰：脩，長也。侏侏，短貌。侏儒，短人也。七居衰老之期，乃始欲補長其所短，是脩其侏侏也。然其過時，不能以有進，惟有比于侏儒之短而已，言不能長也。此言人之年富力強則當勉學，至于衰老，則無及矣。

陳本禮曰：火，夜。

鄭維駒曰：㣲三短臨長，晝人也，童七脩比短，夜人也，朱儒，艮小子之象。

鈴木由次郎曰：二月十二日，夜，火。脩，長。侏侏，無知貌。朱儒，身矮之人。徒增身體之大，而無知，正同侏儒一樣。

文字校正：童首次七：「脩侏侏，比于朱儒」，測辭：「侏侏之脩，無可為也」。范注：「侏侏，無所知也」。盧校：「何云：『《周禮》注：「朱，大也」，子雲《國三老箴》：『姦寇侏張』，言七雖長大與朱儒等耳。注以侏侏為無知，直是臆說」。《集注》：「侏侏，長大貌」。今按：侏侏，當從范注訓無所知也。范注、《集注》、何氏皆謂次七為長大，是，然次七長大之意蓋自「脩」而來，《集注》及何氏誤以自「侏侏」來。《廣雅·釋詁》二：「脩，長也」，《爾雅·釋宮》：「陝則修曲曰樓」，注：「修，長也」，《太玄》此贊范注：「修，長也」，是修為長，「修侏侏」，謂雖長大而無知也。修長而無知，故曰「比于朱儒」，言其無用與朱儒等。測辭：「侏侏之修，無可為也」，亦謂無知之長大，無可作為也。若侏侏亦為長大，則長大者緣何比於朱儒？緣何無可為？必長大而無知，始可言「比于朱儒」，「無可為也」。可證必訓侏侏為無知，始於文意無礙，否則長

大而「比于朱儒」，而無可作為之意無由明也。侏、知，古皆舌音，一聲之轉，故義可通。侏可訓知，亦可訓無知，相反為訓也。猶亂之可訓亂，又可訓治，其例一也。侏又與蚩、癡、騃字聲近，此三字正訓愚而無知之義（詳見「蚩蚩」條），然則侏侏無知之義，其來有自矣。

童首次七：「修侏侏，比于朱儒」，《道藏》本作「宋儒」，他皆作「朱儒」，當作「朱儒」。「宋」者，「朱」之形訛也。朱儒即侏儒，古以聲音為主，寫法不定也。《國語‧晉語》：「侏儒不可使援」，《荀子‧王霸》：「俳優侏儒」，《禮記‧王制》及《廣雅‧釋詁》、《釋訓》，皆寫作「侏儒」，《淮南‧主術》：「短者以為朱儒枅櫨」，《漢書‧刑法志》：「師朱儒」，《左》襄四年傳：「朱儒是使」，《釋文》：「朱，本或作侏」，知朱儒、侏儒通。范本《釋文》出儒字，注：「一作『儒』」。今按：儒為「儒」之異體，見《集韻》虞部。

測曰：侏侏之脩，無可為也。

范望曰：侏侏無知，何可為也。

次八：或擊之，或刺之，修其玄鑒，渝。

范望曰：八為疾瘀，故見擊刺，以治其過。修，治也。鑒，鏡也。渝，變也。家性為童，大道未開，故修玄鑒，以正其變也。

司馬光曰：刺，七亦切。不學而愚，以至衰老，陷於禍中，故曰或擊之，或刺之。然當日之晝，若尚能從學，修其玄鑒，猶足以變禍為福也。晉平公問於師曠曰：吾年七十欲學，恐已暮矣。師曠曰：少而好學，如日出之陽，壯而好學，如日中之光，老而好學，如炳燭之明。炳燭之明，孰與昧行。

葉子奇曰：擊刺，攻治之也。玄鑒謂心渝變也。八亦過時，非盡力攻治加百倍之功，則何以脩其心而使變哉。

陳本禮曰：木，晝。擊刺，攻治之也。玄鑒謂心。渝，變也。八為疾瘀，故欲擊刺以治其過也。童蒙果能自修玄鑒，此固補愆救過之方，亦聖賢克己復禮功夫。

鄭維駒曰：擊刺艮手象，或擊或刺，自治之急也。修其玄鑒，自知之明也。此變之善者也。故曰渝。

鈴木由次郎曰：二月十三日，晝，室七度，木。玄鑒，心。有過，則擊之刺之，努力消除其過，則為福。

文字校正：童首次八贊辭：「或擊之，或刺之，修其玄鑒，渝」。「修其玄鑒」一語，乃化用《老子》第十章「滌除玄鑒」之語。高亨《老子正詁》作「滌

除玄覽」，其按語謂：「『覽』讀為『鑒』，『覽』『鑒』古通用。《太玄·童》:『修其玄鑒』。『玄鑒』之名，疑皆本於《老子》」。所疑是。其後，帛書《老子》出，甲本作「修除玄藍」，乙本作「修除玄鑒」，高亨謂「監」即古之「鑒」字，「藍」為「監」之同聲假借，其說是，所疑得到證實（參見高亨、池曦朝:《試談馬王堆漢墓中的帛書〈老子〉一文》。傅奕本《老子》作「滌除玄覽」，已非《老子》舊文。玄鑒，即心之鏡也。《太玄·玄告》:「人以心腹為玄」，可證。又見《淮南·修務》:「執玄鑒於心，照物明白」，皆與《老子》「修除玄鑒」之意同也。《太玄》《淮南》「玄鑒」之文，可為帛書證。《老子》此語訛誤甚早，河上公本已作「玄覽」，傅奕本、王弼本沿而未覺，後人著作詩文則多據《老子》誤本而誤引誤說。如張衡《東京賦》:「睿哲玄覽，都茲洛宮」，陸機《文賦》:「佇中區以玄覽」，崔駰《車左銘》:「玄覽於道，永思厥中」，《晉書·阮種傳》:「聖哲玄覽，降恤黎蒸」，《北史·魏孝文帝紀》:「優遊恭己，玄覽獨得」，盧山道《游石門詩序》:「悟幽人之玄覽，達恒物之大情」，梁元帝有《玄覽賦》，錢起詩句:「六合紆玄覽，重軒啟上清」，此類皆是。古人觀書不便，沿用誤本，猶可原諒，時至今日，帛書已明證各本之誤，而人或不察，仍沿用《老子》誤本，如最新版本之《辭海》、《辭源》之類，皆出《老子》「玄覽」之條目，實無以自辨。又有《中國哲學史》之書，已知帛書作「監」即「鑒」，卻仍用河上公《章句》關於「玄覽」之解釋，曰:「心居玄冥之處，覽知萬物」，且以「玄覽」二字標為《老子》神秘主義認識論。莫非即以「玄鑒」等同「玄覽」，而無所區別，抑或「玄覽」便於判定闡說為神秘主義認識論，而於「玄鑒」竟不理睬，此實不可解。

測曰：擊之刺之，過以衰也。

范望曰：疾瘵之王〔生〕，道之衰也。

鄭維駒曰：過少故曰衰。

上九：童蠱觸犀，灰其首。

范望曰：蠱童犀角，而相抵觸，剛弱不等，有勝有否也。家性為童，九為之終，蠱為八也，犀為九也，金剛木懦，金克於木，故灰其首也。

司馬光曰：諸家皆作蠱，今從小宋本，力遂切。王曰：處童之極，當夜之位，昏昧之甚，不能自反者也。童蠱，無角之蠱。光謂：灰猶靡碎也。九居童之極，逢禍之窮，如童蠱觸犀，靡碎其首，不量其力，愚之甚也。

林希逸曰：以小蠱而觸犀牛，自碎其角〔首〕，不量力也。灰，靡碎也。

葉子奇曰：童麑，無角幼小之麑鹿也。九居童蒙之極，不知自量其力，是猶小鹿而觸犀牛，必無幸矣，則有灰碎其首而已，復何益哉。

陳本禮曰：金，夜。童麑，無角之麑，此形容無知童蒙，每每觸犯師長而不知有灰首之禍焉。

鄭維駒曰：互震麑鹿象，上九得陰氣多，故為麑，艮為童，故為童麑。互坤為牛，故稱犀。以無角之麑，乃與通靈之犀相抵觸，是既無養正之功，不以蒙求聖，反以蒙忤聖，其能保其首乎。九為頟，故稱首。

鈴木由次郎曰：二月十三日，夜，金。童麑，無角之幼鹿。灰，破碎。無角幼鹿而觸犀，則摧毀其首。童蒙而犯師長，不量其力之愚。

測曰：童麑觸犀，還自灰也。

范望曰：抵觸於人，皆己之灰也。

鄭氏曰：灰，滅也。累，力追切，因也。抵觸於人，法當有罪，若為彼所訟，則反己之累。金在木家，是故如此。

增

☳ 增：陽氣蕃息，物則益增，日宣而殖。

范望曰：一方二州二部一家。天玄，陰家，四金，（中下，萬玉堂本無此二字，《大典》《四庫》有，依例當有），象益卦。行屬於金，謂之增者，陽氣蕃息，萬物布護（《闡秘》作護）而生。殖，長也。日以增益，故謂之增。增之初一，日入營室八度。

司馬光曰：陽家，金，準益。宋、陸本陽氣蕃息作陽氣茲蕃息，王、小宋本作陽茲蕃息，今從范本。陸、范、王本增益作益增，今從二宋本。二宋、陸、王本而作如，今從范本。

陳仁子曰：增者陽氣欲其日長也。陽欲益，陰欲損，禮也。增云者，亦豈外有以益之哉，特物害其初之天而已。若孟春駕蒼龍服蒼玉，是色之順其時也，乘鸞路食麥與羊，是食與器之順其氣也，不覆巢不稱兵，是事與政之順其性也。凡輔相裁成養而增之者，若此類是也。故童蒙之天可以語聖，微小之陽可至壯，天下事未有不自微而始。《易》之益，從否變者也，居五得位，損九四之陽而益陰，《玄》之增，從童來者也，童蒙無適，以地四之陰而交陽。故九贊之中，若二增方，七高仞，九峽岅，增而益增，蓋別三日刮目相待之謂也，豈真童哉？

葉子奇曰：宣，大，殖，生也。增之初一，日入營室八度。

陳本禮曰：陽家，四，金，中下，卦準益。《傳》：陽氣蕃息則非僅然未有知之時，增益則聰慧日生，增不自外來，由內氣充也。君子進德修業，則學日廣而道益高。宣，大，殖，長也。

孫澍曰：增準益，君子以善益增，過益寡，不作無益害有益。

鈴木由次郎曰：第十三首，陽，四金，一方二州二部一家。陽氣旺盛而增長，充實於內。萬物增益而日見增大，不斷生長。

初一：聞貞增默，外人不得。

范望曰：貞，正也。一為下人，在增之世，故聞正道，增（《闡秘》作而，是）默然也。默然以自增，不為外人所得見也。

司馬光曰：王本聞作間，今從諸家。墨當作默。一為思始而當晝，君子多聞正道而以益其德，默而識之，不見於外也。

鄭氏曰：墨當作默，測與贊有字異者，如爭首贊作爭射釁釁，測作爭射閵閵，義理俱通，且以相備，則無嫌也。此首贊作聞貞增默，測作聞貞增墨，蓋字誤也。《玄攡》：嘿而該之，默與嘿可通用。墨與默不可通用。

葉子奇曰：一在增初，聞正道未以語人，益默以自守，外人不得而知也。若聞道而輒以語人，則道聽塗說，德之棄也。

焦袁熹曰：聞貞增默，謂有所聞於正道而闇然增修，人不得而見之。識內者，默而識之也。不增其方而增其光者，若火之外明而內暗，薪盡則光亦熄矣。其諸的然日亡者與。

陳本禮曰：水，晝。

鄭維駒曰：水屬坎，坎耳為聞，默者玄也，增默者，玄之又玄也。

鈴木由次郎曰：二月十四日，晝，室八度，水。聞正道而增益其德，默而不現於外，他人不知其增。

測曰：聞貞增默，識內也。

范望曰：為內人所識別也。

葉子奇曰：識，去聲。識內不言而心解也。

陳本禮曰：焦袁熹曰：謂有所聞於正道而闇然增修，人不得而見之。識內者，默而識之也。

鄭維駒曰：水內明，故識內。

次二：不增其方，而增其光，冥。

范望曰：火性炎上，而在增世，君子之道積小為高，而不增其道，而便猥增耀之光，故反冥也。方，道也。冥，晦也。

司馬光曰：范曰：方，道也。冥，晦也。王曰：不增益其道，而外自誇耀，欲增其光，反自冥也。光謂：君子增修其道，而榮名從之，小人捨內而飾外，求光而愈晦也。

葉子奇曰：方，德義也。光，聲華也。冥，暗也。二當增世逢夜，是不能正心克己以增其德義，顧乃以色取仁，而曲取聲華，市寵于世。然既無其本，徒有虛名，安能保其久而不敗哉。將見其光華，必復再昏矣。此深言不務德而務名之害也。

陳本禮曰：火，夜。

鄭維駒曰：二為火，故稱光。的然日亡，故冥也。

鈴木由次郎曰：二月十四日，夜，火。方，道。光，名譽。冥，暗，晦。不增其道，徒飾其外，欲增榮名，反而自暴其愚。

測曰：不增其方，徒飾外也。

范望曰：光榮暴增，故徒飾外也。

陳本禮曰：焦曰：增其光，若火之外明而內暗，薪盡則光亦熄，其諸的然日亡者歟。

次三：木以止，漸增。

范望曰：止，足也。謂株根增益，益根而幹長，求益之道也。

司馬光曰：范本蓋作益，今從宋、陸、王本。王曰：蓋，掩也。光謂：君子之學如木根止於所生之土，而枝葉浸長，君子止於所守之道，而德行日新。《法言》：請問木漸。曰：止於下而漸於上者，其木也哉。亦猶水而已矣。

林希逸曰：木雖止而其長有漸，誰得而抑遏之。蓋，掩也。進學日益之喻也。

葉子奇曰：木，植物，止而不動，以漸而長也。三屬木，居下之上，故其取象如此。

陳本禮曰：木，畫。

鄭維駒曰：震巽為互，艮為止，止而巽，故取諸漸。為善者如日加長，而人不知漸增之之謂也。

鈴木由次郎曰：二月十五日，晝，室九度，魚上冰。木根止於所生之土，故其枝葉得以生長，不能強行助長之。君子止於所守之道，則德行日增。

測曰：木止漸增，不可益也。

范望曰：宜以道實，故不可虛益也。

葉子奇曰：增以漸，不可助長而加益之也。

陳本禮曰：不可助長而加益之也。

文字校正：范注本增首測辭：「木止漸增，不可益也」，嘉慶本「止」作「未止」，《道藏》本同范本，《集注》本「益」作「蓋」，贊辭：「木以止漸增」，諸家不異，《集注》無校語，是原作「木」，測辭字當同贊辭，作「未」者，「木」之形訛。《詩・公劉》鄭箋：「伐取材木」，《釋文》：「『木』，本作『未』」，是二字形近易訛之例。《集注》：「君子之學如木根止於所生之土」，《法言》：「請問木漸？曰：止于下而漸於上者，其木也哉！」可證當作「木」。范注：「止，足也」，非。《集注》：「木根止於所生之土」，《法言》：「止于下而漸於上」，是。「蓋」，與次二、次四、次五測辭之「外」、「敗」、「大」皆月部字，正相協韻。「益」，錫部字，則與「外」、「敗」、「大」不協，可證當作「蓋」。增首次三為陽首陽贊，時當晝，辭當休。曰「不可蓋」，謂木之漸增，不可掩蔽遮蓋也，言其生長之盛不可阻止矣。是為休辭，合乎《玄》例，若作「不可益」，則意正相反而為咎辭，此亦可證「益」為「蓋」之形訛，《集注》時范本已誤矣。

次四：要不克，或增之戴。

范望曰：四為金，在中稱要。克，勝也。家性為金，重剛之世，而在增家，或曰（盧校以為作故曰，《大典》作故曰）或增。公侯之位，受任甚重，故增而戴也。

司馬光曰：四為下祿而當夜，無德而享其祿，如要弱而增戴，必不胜任矣。

鄭氏曰：首，戴也。《說文》：分物得增益曰戴。首或不勝，則其增益適為累也。

葉子奇曰：要腰通，腰任在背，戴任在首，四以弱陰，力不勝其重任，且負任在背，已不能矣，況復增其戴任于首乎。力小任重，能無敗也。

陳本禮曰：金，夜。要音腰。引葉注。

鄭維駒曰：《易》六畫以三為限為艮，《玄》九數故以四為要，艮限列夤者，剛之過也。要不克者，柔之過也。上為首，四生而九成，故要與首相應。

鈴木由次郎曰：二月十五日，夜，金。要通腰。腰弱不能背負重物，卻要頭頂重物。無德而負重任，則必失敗。

測曰：要不克，可敗也。

范望曰：難戴之重，故或〔可〕敗也。

次五：澤庫其容，眾潤攸同。

范望曰：五，土也，故稱澤。家性為增，每事皆增，增之以謙則益，增之以奢則損，故曰不增其方而增其光，冥也。今五處天位（原作夫，《大典》作天，是），反若澤之庫，眾水之所湊也。《老子》曰：江海所以為百谷王者，以其善下也。五能自卑，亦所以乂邦國也（據《四庫》改，萬本作亦以所又邦國也）。

司馬光曰：王曰：如澤之庫下，眾潤所歸。光謂：五，增之盛也，眾共益之，非謙虛何以能至此哉。

鄭氏曰：庫音婢者，下也，音卑者，下之也。澤庫其容，當有平聲。

林希逸曰：澤在下而諸水自歸之，謙以得益之喻也。

葉子奇曰：五居中當陽，是容德之君，能以謙庫之道致增益也。君下士而賢俊歸，君納諫而忠讜至，未有有其德而無其應者也。

陳本禮曰：土，晝。五能自卑，故為天下之所歸也。

鄭維駒曰：地道卑下，五福中，故萬福攸同也。

鈴木由次郎曰：二月十六日，晝，室十度。土。庫，低。澤庫，低澤。眾潤，同眾水。澤低則水多聚集而來，謙而虛己，則道日大。

測曰：澤庫其容，謙虛大也。

范望曰：卑謙自降，道之大也。

次六：朱車燭分，一日增我三千，君子慶，小人傷。

范望曰：六為宗廟，朝有朱車之飾，飾過人君也。燭，照也。照顯神靈，以榮生存也。三千以喻多也。《詩》云：萬福攸同，奉祠〔祀〕以禮。三千之福，亦慶也。小人當之，不勝其榮，故傷也。

鄭氏曰：朱車，車以朱為尊，墨為卑，《覲禮》曰：侯氏裨冕釋幣於禰，乘墨車，戴龍旂，弧（原本文字不清）乃朝，蓋諸侯朝見天子，皆乘墨車服玄冕，示卑且質也。若臨其國，則上公服袞冕，侯伯服鷩冕，子男服毳冕，而皆

乘朱車，則尊且文矣。朱車乃人君之車也。注云：廟有朱車之飾，飾過人君也，蓋朱車以事宗廟，人君不常乘之，猶天子之玉輅以祀也。

葉子奇曰：朱車，君子所乘行也。燭分，天子所光寵也。三千言多也。六當福盛之極，在增之世，受朱車之光寵，一日至于三千之多，其增至矣。惟君子在福則沖，得位則昌，故有慶。小人在福則驕，得位則橫，故有傷。此言小人不可以居尊位。苟居尊位，必致敗也。

陳本禮曰：水，夜。朱車，羲馭也。燭，照也。一日者，終日也。君子得分太陽一日之光輝，所照已不啻增有三千之多，君子知足故慶，小人嫌少故傷也。

孫濌曰：朱車，路車也。《詩》曰路車有奭是也。燭，明也。分，名分也。增，益也。一日言一月也。三千，徒禦之多也。《詩》曰：其車三千，《白虎通》曰：天子大路，諸侯路車，大夫軒車，士飾車，名分至明不可踰越，君子得以其道，從者數百人不為泰，故慶。小人而乘君子之器，得非其道，故傷其不當也宜矣。

鄭維駒曰：《周禮》：巾車三日，象路、朱、樊纓七就，鄭注：以朱飾勒而已。賜車無三千之理，《采芑》之詩其車三千，此就行師言之，或以大臣率坤眾，乘有奭之路車，而增以三千之兵車歟。姑闕疑俟考。

鈴木由次郎曰：二月十六日，夜，水。朱車，同朱犧，謂夏之太陽。夏稱朱明，羲和為日之御者。故朱羲為夏之日。燭，照。三千，謂數多。與威儀三千、三千寵愛同。夏之太陽，每日皆照，即其一日之照，亦增我甚多。君子喜之，小人悲之。小人以此為少，而不增益於己，故不能浴其恩惠。

測曰：朱車之增，小人不當也。

范望曰：言不能當受神人之福祚也。

葉子奇曰：《易》云：負且乘，致寇至。

次七：增其高，刃其削，丘貞。

范望曰：火生土，故言丘。丘能自削，故貞。猶君子處於高位而善下人，亦其正也。

司馬光曰：七居上體而為禍基，可懼之地也。家性為增，增而不已，必受其殃。七當日之晝，君子之道也，故能每自裁損以保其安。夫丘之所以傾者，以峭也。若能每增其高，輒刃其峭，使之陂陁，則終無傾矣，此丘之正道也。正考父三命茲益恭，一命而傴，再命而傴，三命而俯。

鄭氏曰：峭，七笑切，當作陗，方所謂削丘也。

葉子奇曰：峭，高也。七位既高，能自貶損，是刃削其高峭之丘，以自卑也。夫在上不驕，高而不危，斯其所以貞也。

陳本禮曰：火，晝。火能生土，故言邱。火性炎上，故增高。高而必危，喜值金世，得有斧刃以削其高峭之邱，而自處於卑，故得其正也。

鄭維駒曰：巽為高，互艮為丘，與渙九四同。

鈴木由次郎曰：二月十七日，晝，室十一度，火。峭丘，高險之丘。次七已漸增其高，高而必危，故以斧刃削低高峻之丘，此喻避高以就低。保高之正道，損己益人，與人共行。

文字校正：增首次七范注本：「增其高，刃其削，丘貞」，《集注》本「削」作「峭」。今按：「丸其削」，不辭，盧校：「『峭』訛『削』」，是，測辭：「增高刃峭」，各本皆作「峭」，可證贊辭當作「峭」。峭喻險峻，《後漢書‧第五倫傳》注：「峭，峻也」，《太玄》大首：「豐牆峭阯」，范注：「峭，峻也」，銳首：「陵崢岸峭」，范注同大首。《漢書‧晁錯傳》：「錯為人陗直刻深」，師古注：「陗字與峭同，峭謂峻陿也」。《一切經音義》九引《通俗文》：「峻岅曰峭」，《鹽鐵論‧周秦》：「峻崖之峭谷」，《新論‧慎隟》：「登峭阪而不跌墜」，皆謂險峻之谷，險峻之阪，「刃」即削義，增其高而削其峭峻，是高而無險，故曰「丘貞」，謂山丘之貞正也。刃即謂削，則不當重言「削」，且「刃其削」亦為不辭，可知字必不作「削」，是「峭」之形訛也。削、峭雖聲近可通，然《太玄》當用「峭」，不假「削」為「峭」，以免與「刃」字相混，今各本作「峭」可證。又，峭亦訓高，《史記‧李斯傳》：「峭壍之勢異也」，《索隱》：「峭，峻也，高也」，《廣雅‧釋詁》四：「峭，高也」，《淮南‧修務》：「上峭山」，注：「峭山，高山也」。峭可訓高，故《太玄》以高、峭互文見義，此亦證當作「峭」。且《太玄》銳首：「陵崢岸峭」，大首：「豐牆峭阯」，各本皆作「峭」，益證《太玄》通用「峭」，不假以「削」也。

測曰：增高刃峭，與損皆行也。

范望曰：損己益人，皆可行也。

陳本禮曰：皆同偕。

鄭維駒曰：益而能損，善處禍始以保其福也。肖何之遣子弟儀之減侍從似之。

次八：兼貝以役，往益來剔。

范望曰：剔，憂也。古者貨貝，五貝為朋。八，木也，亦為弱。弱，王道微弱，恩澤不行，儉嗇褊急，貨賂為市，日以侵折，下不奉上，故致憂也。

司馬光曰：剔，他歷切，削也。貝，富資也。役，賤事也。以富資而為賤事，貪求不已，往雖得益，來必被削，故曰前慶後亡。

鄭氏曰：兼貝，注云：古者貨貝，五貝為朋。蓋言兼猶朋也。按：趙岐注《孟子》：兼金，好金也。其價兼倍於常，然則兼貝義猶是也。剔，舊他歷切，以刀去髮。按：范讀作惕，故注云：剔，憂也。以刀去髮，與注不合。

葉子奇曰：剔，他歷切，剔，減削也。八居增益之世，故能兼其貨貝以行役，然在消耗之中，故往有益而來則減削而亡矣。

陳本禮曰：木，夜。剔音剔。

鈴木由次郎曰：二月十七日，夜，木。貝，財產，古以貝為貨幣。役，低賤之工。來，以後。剔，除，削。財產多而為賤事，求利不止。初可增富，後則削減其富。

文字校正：增首次八：「兼貝以役，往益來剔」，范注：「剔，憂也」，《集注》：「剔，削也」。《釋文》：「鬀，除也，以刀除髮」。按：范注非，《集注》是，《釋文》得其意。鬀，剔也（《釋名》），本義謂以刀除髮，鬀髮也（《說文》），引申而有除義。削亦有除義，是「剔」可訓削，謂削除之。「剔」訓為削除，正與「往益」之「益」相對，猶次七「增其高，刃其峭」，以「刃」（謂削減）對「增」也。增、益義近，刃、剔義亦通（剔，以刀除髮，刃，以刃削物，皆削減、削除之義），可知「益」、「剔」之對猶「增」、「刃」之對也，又，次七測辭：「增高刃峭，與損皆行也」，是刃即損也，故「刃」與「增」對。次八變文曰「益」曰「剔」，實與次七言「增」言「刃」互文見義。削亦訓減，減即損，知次八之「剔」與次七之「刃」，皆謂損也。損之義與次七之「增」、次八之「益」為對，皆可證「剔」當訓削減，始合《太玄》之意。范氏未得其意，其注全非，不可從。

測曰：兼貝以役，前慶後亡也。

范望曰：貨賂為市，故為前慶，慶終致禍，故後亡矣。

鄭維駒曰：巽為利市三倍，故曰兼貝。

上九：崔嵬不崩，賴彼峽崥。

范望曰：峽崥（二字《道藏》本不同，《大典》作峽崥），山足也。崔嵬，當崩而不崩者，以用彊足之故也。九在增家，猶高位之君，而不危者，以有賢輔之臣也。能任賢自輔，猶高峻之山，賴峽崥也。

司馬光曰：宋、陸本峽崥作峽崥，今從范、王、小宋本。崔，徂回切。峽，於兩切。崥，必弭切。擂，渠良切。范曰：峽崥，山足也。王曰：擂擂者，扶助之貌。光謂：九處增之極，逢禍之窮，然而免咎者，以群士為之助，如高山不崩以峽崥為之足也。

葉子奇曰：峽，于兩切。崥，方爾切。峽崥，山足也。高必以在下為基，然後不崩。國必以得賢為本，然後能固。上處增高之極，如崔嵬之山，所以不崩者，賴彼之山足為之基也。人君可不務得賢以為太平之基乎。

陳本禮曰：金，晝。峽音養。崥音彼。峽崥，山足。

孫澍曰：百足之蟲，死而不僵，扶之者眾也。

鄭維駒曰：震足在艮山下，故峽崥，艮山而巽高，故崔嵬，下者高之基，有賴故也。

鈴木由次郎曰：二月十八日，晝，室十二度，金。崔嵬，山上多石，高而不平。峽崥，山之裾。高山不崩，以山裾為足而助之。上九在增首之極，祿之極，所以免咎，以有多臣輔佐。

文字校正：增首上九：「崔嵬不崩，賴彼峽崥」。嘉慶本、《備要》本同，《道藏》本作「塊埠」（注同），范注本作「峽崥」，范本《釋文》出「峽崥」二字，注曰：「上於兩切，下方爾切」。《集注》：「宋、陸本『峽崥』作『峽崥』，今從范、王、小宋本。峽，於兩切，埠，必弭切。」吳汝綸曰：「宋、陸、司馬本並作『峽』，當從之」。盧校：「『峽崥』訛『峽』，注同。」范注：「峽崥，山足也。」《釋文》：「峽崥，山足也」。《集注》引范注：「峽崥，山足也」。今按：字當作「峽崥」，訓作山足，意謂山高而不崩危者，賴彼山足為之基也。《說文》：「峽，塵埃也。埠，增也」。與此文意無關，知《道藏》本作「峽埠」者，實誤。范本原當作「峽崥」，《廣韻》：「峽，侯夾切」。《說文》：「陝，隘也，或作峽」。《淮南‧原道》：「仿洋於山峽之旁」，注：「兩山之間為峽」，《漢書‧地理志》下：「武威郡蒼梣」，注：「陝，兩山之間也」。然則訓山足者亦非「峽崥」也。《釋文》：「峽崥，上於兩切」，《廣韻》：「峽，於兩切」，《集注》：「峽，於兩切」，此皆可證范本原當作「峽崥」也。《集注》本從范本，是亦當作「峽

崥」也，亦可知《道藏》本此「峽」，非《集注》本原文也。吳汝綸曰：「范本作『峽』」者，即據范本《釋文》而言。吳又曰：「宋、陸、司馬本並作『峽』」，此說非，《集注》本明言從范本可證。范本《釋文》：「下方爾切」，此恐有誤。「崥」、「埤」皆無此音。《集注》：「埤，必弭切」。《廣韻》：「崥，並弭切」。必、並皆《廣韻》幫母所用反切上字，其音同也，知此乃「崥」字之音。《廣韻》：「埤，符支切」，與《集注》不合，可證《集注》本原當作「崥」。《太玄》「岟崥」之語罕見，各本異文錯出，後之引用者或有失誤，如《中文大辭典》於「岟」字條下引《太玄經》增首作「岟崥」，於「峽」字條下亦引《太玄經》增首，卻作「峽崥」，一書而如此牴牾，實屬不當，查引者當注意之。

測曰：崔嵬不崩，群士橿橿也。

范望曰：橿橿，皆是多士而彊盛者也。

葉子奇曰：橿，古良切。橿橿，盛多之貌。

陳本禮曰：橿橿，扶助貌。

鄭維駒曰：齊人謂鋤柄曰橿，橿橿然正直也。

文字校正：增首上九測辭：「崔嵬不崩，群士橿橿」。彊首次四：「爰聰爰明，左右橿橿」。測辭：「爰聰爰明，庶士方來也」。范注本皆作「橿橿」，《集注》本皆作「擅擅」，《集注》於增首此二字無校語，彊首校曰：「宋、陸、王本『擅』皆作『橿』，小宋作『彊』，今從范本」。可知《集注》本原與范注本一致，然今之二本，一從手，一從木，反為兩異，是其必有一誤。《說文》：「橿，枋也，一曰鉏柄」，此字不合《太玄》文意可知也。范本《釋文》：「橿，當作倞，古良切」。《廣韻》無「倞」字，《集韻》：「倞，居良切，強也」。橿，《廣韻》、《集韻》皆居良切，是倞、橿二字音同，《釋文》古良切之「古」，當為「居」之壞字。《說文》：「倞，彊也」，《廣雅》：「倞，強也」，然則《釋文》讀橿之「倞」，蓋申釋范注所說「橿橿，皆是多士而彊盛者也」之意也。彊首范注：「橿橿，盛也」。意同增首，亦讀「橿」為「擅」也，而其《釋文》：「橿，寄良切，鐮柄」，則與范注不合。知《釋文》作者於「橿橿」之義猶有未憭。細察增首上九及彊首次四贊辭測辭之文意，范氏「橿橿強盛」之訓仍為不確。《說文》無「擅」字，《集韻》：「擅，渠良切，扶持貌」。《太玄》增首上九《集注》：「擅，渠良切」，又引王涯：「擅擅者，扶助之貌」，彊首次四《集注》：「王曰：『擅擅然，眾扶之貌也』」。其義皆同《集韻》。查《集韻》一書，雖題丁度等人撰，實由司馬光最後完成之（參見劉葉秋《中國字典史略》），而《太玄集注》亦司

馬光耗三十年精力之作，然則此同絕非偶然。《集注》本既與范注本一致，可知二書原皆當作「攝攝」，且「攝攝扶助」之訓亦較范氏「櫨櫨盛也」之訓為善。增首上九之意，蓋謂其上高而不崩者，賴彼下基之助也。測辭之群土即贊辭之「峽崿」，皆為其上之助，故曰「攝攝」。彊首次四之意，則謂為上者爰聰爰明能禮賢下士，起用人才，故庶士皆來，為其輔弼，在其左右，忠心扶助之也。庶士即群士，亦即左右，皆為輔弼之人，人主不可離之，故有扶助之義。增首上九及彊首次四兩贊大意相同，而各有側重，一謂賴下之助而獲安，一謂知用人才而得人，然「攝攝扶助」之義則無異也。由此可知字當從手作「攝」，今之《集注》本猶存原貌，而范注本則訛為「櫨」也。吳汝綸曰：「『櫨』，或作『攝』，今依范本作『櫨』」。不加辨明而沿用誤本，又未分辨「櫨」與「攝」之義，其說不足取。

銳

銳：陽氣岑以銳，物之生也，咸專一而不二。

范望曰：一方二州二部二家。天玄，陽家，五土，中中，象漸卦。（葉子奇為陽家）行屬於土，謂之銳者，立春之節，終於此首之次四〔二〕，雨水氣起於此首之次三（萬玉堂本作三，《大典》作三，《四庫》作五）。（斗指寅，萬玉堂本無此三字，《四庫》有），大蔟用事於次四。陽氣岑釜，精銳萬物，專一而生，無有差二，故謂之銳。銳之初一，日入營室十三度。

章詧曰：岑，銛利之貌。言陽氣銛利精銳於物，物皆銳而生進而志無異也。故曰專一而不二。蓋銳之道貴乎專精一志，而無疑二者也。

司馬光曰：陰家，土，準漸，入銳次五三十一分一十三秒，驚蟄氣應。岑，鉏簪切。岑然銳貌，道尚專。

鄭氏曰：岑，魚金切，山小而高謂之岑，是銳之形也。

陳仁子曰：銳者陽進而不二者也。夫進而銳者，或病於退而速，故一則進，二則退，《玄》云：銳執一，蓋陽一而不容雜，故銳而不能遏，《玄》之銳象《易》之漸也。漸之二體陽皆歸上，而又得五位，銳之二陽勢皆侵上，而數得天五。初一之蟹不一，初二之一無不達，三之不能處一，皆一於陽而銳者也。特漸之義以序而進，銳之義以勇而進，其功力似不同。

葉子奇曰：岑，高，銳，利也。銳之初一，日入營室十三度，立春節終此首之次二，雨水節起此首之次三。

陳本禮曰：陰家，五，土，中中，雨水氣應，卦準漸。《傳》：銳，精銳鐵利也。此時陽氣岑高，日鐵以銳，故物之處於囊中者，亦各脫穎而也，專一不二，見陽氣殖物之力，日益宣也。

孫瀜曰：銳準漸，《太玄》以下學上達。

鄭維駒曰：岑以銳，山象也。艮止於一，巽女歸之，亦從於一也，故陰以一銳而物以一生也。

鈴木由次郎曰：第十四首，陰，五土，一方二州二部二家。岑，山小而高。陽氣日日高銳，物之生長皆專一而無違。

初一：蟹之郭索，後蚓黃泉。

范望曰：一，水也，故稱泉，亦為介，故稱蟹。五為裸，故稱蚓。言蟹之後蚓者，用心之不一，雖有郭索多足之蟹，不及無足之蚓也。

司馬光曰：范曰：郭索，多足貌。王曰：郭索，匡禳也。吳曰：匡禳，躁動貌。光謂：《荀子》曰：蚓無爪牙之利，筋骨之強，上食埃土，下飲黃泉，用心一也。蟹六跪而二螯，非蛇蟺之穴無所寄託者，用心躁也。一為思始而當夜，家性為銳，故有是象也。跪，去委切，足也。

林希逸曰：蚓食黃泉而心一，蟹多足而躁，反不如之。《荀子·勸學》篇已有此喻。

葉子奇曰：郭索，蟹多足躁擾貌，言蟹之多足而躁擾，不能深藏，不如蚓之無足而專靜，反能深入。一在銳初，戒其銳于進而不能專也。《荀子》云：騰蛇無足而飛，鼫鼠五技而窮，義亦如此。

陳本禮曰：水，夜。郭索，多足貌。

鄭維駒曰：互離為蟹，蟹，水中物，故於初稱蟹。巽進退蚓象，在互坎下為黃泉。

鈴木由次郎曰：二月十八日，夜，水。郭索，腳多貌。蟹腳多，不能專一，故劣於蚯蚓飲於黃泉。

測曰：蟹之郭索，心不一也。

范望曰：用心不一，故後蚓也。

陳本禮曰：蟹，水族，在土世為土所克，故八足橫行而心不一，且用心躁。一為水，故先得泉。蚓，土精，數屬五，故能上食槁壤，下飲黃泉，然無足而行緩，引而不伸，食固後於蟹而得泉，故曰後蚓黃泉。

次二：銳一無不達。

范望曰：火性上達，既以火德而處銳家，在其土行，并力俱上，故言無不達也。

司馬光曰：二為思中而當晝，故曰銳一無不達。《咸有一德》曰：德惟一，動罔不吉。德二三，動罔不凶。《荀子》曰：行衢道者不至，事兩君者不容，目不兩視而明，耳不兩聽而聰。螣蛇無足而飛，梧鼠五技而窮。《詩》曰：鳲鳩在桑，其子七兮，淑人君子，其儀一兮，其儀一兮，心如結兮，故君子結於一也。

葉子奇曰：諺曰：專于一，萬事畢。二逢陽明，故能專達如此。

陳本禮曰：火，晝。

鈴木由次郎曰：二月十九日，晝，室十三度，雨水，火。事若專一，則必成功。

測曰：銳一之達，執道必也。

范望曰：專一之故，必上達也。

次三：狂銳盪。

范望曰：三為進人，但當進德修業，而已在於銳家，未見挫折，故言銳盪也。

司馬光曰：三為思始而當夜，狂者進而不一之謂也。盪然無所守，則不見成功也。《易》曰：晉如鼫如，貞厲。

葉子奇曰：三在思上而過于中，是志高而妄進，徒見其狂盪而已，復何益哉。戒人之當靜守也。

陳本禮曰：木，夜。木在土世，節交雨水，土肥雨潤，銳無不達，然過中當夜，狂銳進取，不能裁之以正，其志盪矣，故曰不能處一也。

鄭維駒曰：艮篤實，狂則反，是艮止其所，盪則反，是三為木，厥咎狂，故稱狂銳。

鈴木由次郎曰：二月十九日，夜，木。狂，進而不專一。狂銳而進，不以正道調整，則其志不專一而動搖。

測曰：狂銳之盪，不能處一也。

范望曰：狂盪之人，故不一也。

次四：銳于時，無不利。

范望曰：時者，得其時也。銳而必利，故時無不利也。

司馬光曰：四為福始而當晝，銳得其時者也，故無不利。

葉子奇曰：四在福初，當銳逢陽，是進以時，則無不利矣。

陳本禮曰：金，晝。金殖土世，故本根旺，律中太蔟，則時辰利。太蔟者萬物始大，湊地而出也。金性堅剛而逢銳世，故曰無不利。

鄭維駒曰：金在土行，又近於五，進得其時，故銳於時。

鈴木由次郎曰：二月二十日，晝，室十四度，獺魚祭。金。其銳進適宜其時，故有利。

測曰：銳于時，得其適也。

范望曰：銳以時宜，故得其適也。

次五：銳其東，忘其西，見其背，不見其心。

范望曰：家性為銳，苟自銳進，進東則亡西，見背藏心，不本道實，故言銳也。

司馬光曰：背，外也。心，內也。五為盛福而當夜，小人知得而不知喪，見利不顧其害，貪前忘後，棄內逐外者也。

葉子奇曰：五居銳之至中，宜當無偏無陂，而存中道也。然其在夜之陰，性不能中，故銳東忘西，見後忘前，徇于一偏之見，不能審遜以取中也。

陳本禮曰：土，夜。五在重土之世，性既不靈，又逢夜陰，乃欲銳其志於東，欲克六之水，不虞四之金尾其後以襲其氣，是見其背而不見其心也。

鄭維駒曰：東為木，西為西，銳東則木克，忘西則土功不成，凡人往者見其背，來者見其心，見其背不見其心者，退而往，不進而來也，艮為背，互坎為心。

鈴木由次郎曰：二月二十日，夜，土。銳進於東，而忘西，見外（背）而不見內（心），心既有偏，則不能避一方之害。

測曰：銳東忘西，不能迴避也。

范望曰：銳東亡西，故不求所宜也。

陳本禮曰：暗算之來，回避不及也。

鄭維駒曰：不能避者，土為木乘也。

次六：銳于醜，含于五軌萬鐘，貞。

范望曰：醜，類也。鍾，聚也。五軌，五行也。六，水也。雖在銳世，而不失法，從五行之性，銳達於類，萬福之所聚，故正也。

司馬光曰：醜，眾也。六為上福，又為盛多，當日之畫，銳于盛美者也。君子之進取，務合眾心而已矣，故能含容五軌萬鍾，不失其正也。古者度塗以軌，軌者兩轍之間，其廣八尺。釜十曰鍾，鍾，六斛四斗也。五軌喻廣，萬鍾喻多。

葉子奇曰：醜，類也。五軌，容五軌之大道也。六居福祿之隆而當陽，是能求其類而同進，且合于大道，宜其得萬鍾之祿以貞也。言祿稱其德也。

陳本禮曰：醜，類也。水在土上，在卦為比，《易》曰：比先王以建萬國，親諸侯，六居福盛而當晝，祿不私於一己，能合同類共享，是其量能含容五軌之大，萬鍾之多，而不嫌其奢，蓋祿稱其德，所以能比於天下而無間也。

鄭維駒曰：六得陽時地氣上騰，草木萌動，則醜類銳進矣。五為土，含於五軌者，水由地中以生物也。巽為富，六為上祿，大臣代君任事，福祿所歸也。故萬鍾生之，眾食之豐，貞之道也。

鈴木由次郎曰：二月二十一日，晝，室十五度，水。醜，類。五軌，形容其廣。軌同轍，車輪間距。萬鍾喻多。鍾，量器名，十釜為鍾，六斛四斗。君子銳進，不只為己之利益，務求合乎眾人之心，故其福祿多而不可量，不失其正。

文字校正：銳首次六：「銳于醜，含于五軌萬鍾，貞」。范注：「鍾，聚也，五軌，五行也」。《集注》：「軌者兩轍之間，其廣八尺，釜十曰鍾，五軌喻廣，萬鍾喻多」。按：范注非，《集注》是。測辭：「福祿不量」，正承五軌萬鍾而言，萬鍾言祿之多，五軌言福之廣，故曰：「福祿不量」。鍾可訓聚，然為動詞，萬鍾之鍾當屬名詞，依范注則詞性不合，五軌注訓五行，經籍無例證，稍嫌無理，且與萬鍾之義不屬，知范注非也。范注：「醜，類也」，亦不如《集注》訓醜為眾於義為長。

測曰：銳于醜，福祿不量也。

范望曰：萬福所鍾，故不可量數也。

次七：銳于利，忝惡至。

范望曰：火在銳家，故言利也。忝，辱也。君子之道，銳於仁義則吉，銳於色利，故惡至也。

司馬光曰：范曰：忝，辱也。光謂：七為禍始而當夜，小人銳於利而蒙辱惡者也。方，向也。辱在一方者，言其所以取辱者，在於一向見利而不思義也。

葉子奇曰：七居禍逢昏，是銳于利而致忝辱，言以賄敗也。

陳本禮曰：火，夜。七之志在羨慕五軌萬鍾，欲干其祿以利己，而不知水能克火，一遇水而火滅矣。小人妄想非分，固宜有此。

鄭維駒曰：忝惡自禍始也。

鈴木由次郎曰：二月二十一日，夜，火。貪於利欲而熱中之，不思義理，偏於一方，則受人恥辱。

測曰：銳于利，辱在一方也。

范望曰：六辱於七，在南方也。

葉子奇曰：一方，一偏也。務利己而不恤人，故一偏。

鄭維駒曰：一方者，利所在之方也。

文字校正：銳首次七測辭：「銳於利，辱在一方也」。《集注》：「方，向也」。「辱在一方」者，言其所以取辱者，在於一向見利而不思誼也。按：司馬光訓方為向，非是。方即四方之方。《書·益稷》：「方施象刑惟明」，《立政》：「方行天下」，《禮記·表記》：「以受方國」，《國語·周語》：「方不順時」，注皆曰：「方，四方也」，可為證。一方，即四方之一方。范注：「六辱於七，在南方也」。是。《玄數》：「二、七為火，為南方」，是其證也。達首次一測辭：「內曉無方」，范注：「通于四海，非一方也」，次四測辭：「獨曉偶方」，皆謂四方之方，用例同此，可為互證。

次八：銳其銳，救其敗。

范望曰：木在其土行，故相克敗。言銳者以末害本，既非其宜，故銳其木之銳，故救敗也。

司馬光曰：八為禍中而當晝，君子見得而思義，瞻前而顧後，雖銳其銳，而常救其敗失，故免於殃咎也，故曰恐轉作殃也。

葉子奇曰：八為剝落敗時也。以其得中當陽，善補其過，故能銳其所當銳，以進于義，庶幾救其好利之敗也。

陳本禮曰：木，晝。

鄭維駒曰：土敗則木隨，救土之敗以自救也。

鈴木由次郎曰：二月二十二日，晝，室十六度，木。銳進於可以銳進之時，進於道義，則八雖處敗時而能救其敗。

測曰：銳其銳，恐轉作殃也。

范望曰：恐作殃禍，克其本也。

葉子奇曰：

陳本禮曰：木之銳非金比，用銳過甚，反有傷其木，故曰恐轉作殃也。

鄭維駒曰：在禍中，故以為恐。

上九：陵崢岸峭，陁。

范望曰：陁，墮也。崢謂崢嶸也。峭，峻也（司馬光引有也字），崢嶸高峻，將墮於下，故言陁也。

司馬光曰：陁，直爾切。范曰：陁，墮也。崢謂崢嶸也。峭，峻也。崢嶸高峻，將墮於下，故言陁也。

葉子奇曰：陁，詩是切。陵崢，高峭貌。陁，隳弛也。銳而至于高極，則必崩也。

孫澍曰：陁，音褫，《說文》：小崩也。《淮南子‧繆稱訓》：城峭者必崩，岸峭者必陁。

鄭維駒曰：巽為高，艮山高為陵，高於坎水之上為岸，地道變盈，故陁。

鈴木由次郎曰：二月二十二日，夜，金。崢，高峻。峭，峻。陁，小崩為陁。丘岸高峻，必會崩落，其銳進至於極端，則必敗。

測曰：陵崢岸峭，銳極必崩也。

范望曰：高峻而銳，必崩墮也。

陳本禮曰：其進銳者其退速。

鄭維駒曰：楚蒍賈論子玉云：剛而無禮，其不能以入。單襄公論三郤云：高位實疾憤，厚味實腊毒，銳極必崩之謂也。

達

☰☰ 達：陽氣枝枝（或作枚）條出，物莫不達。

范望曰：一方二州二部三家，天玄，陰家，六水，中上，象泰卦。行屬於水，謂之達者，言陽氣日盛，布施萬物也。枝條枚末，莫不達者，故謂之達。達之初一，日入壁宿一度。

章詧曰：準漸，陽家。

司馬光曰：陽家，水，準泰，入達初一，日舍東壁。宋曰：自枝別者為枚，自枚別者為條。謂陽氣動出，萬物皆得其理，無有鈎纏而不達。陸曰：枝枚條出，言陽布施無不浹也。

陳仁子曰：達者陽氣流暢無壅者也。蓋三陽為泰之候也，太和生於通，太戾生於隔，陽氣達而萬物遂矣，聖賢達而天下寧矣。《易》之陽自復而臨，臨而後能泰，《玄》之陽自周而斥，斥而後能達。群穿壤間，形形色色，保合大和，其機浩不可遏，初一之迥迥不屈，次四之小利小達，五之在於中衢，陽至是暢如也。

鄭氏曰：枚生枝，枝生條，首云枝條枚出，謂逐枚發生枝條也。

林希逸曰：自枝別者為枚，自枚別者為條，言陽氣既達，枝枚條皆生也。一樹之間，枝為大，枚為小，條又小者，言氣自下而上，大而小也。

葉子奇曰：枚，木伐再出者。達之初一，日入壁宿一度。

陳本禮曰：陽家，六，水，中上，卦準泰。《傳》：達，宣通也。物無窒塞而暢茂宣通，自枝別者為枚，自枚別者為條，皆秉銳一不二之氣而出也。商頌受小國是達，受大國是達，言無所往而不利也，故謂之達。

孫澍曰：達準泰，《太玄》以日中有木，彫刻眾形，發育萬物。

鈴木由次郎曰：第十五首，陽，六水，一方二州二部三家。達，宣通。枝枚條出，枝伸而茂。以喻陽氣得以普行其氣，萬物皆受其氣而生長。

文字校正：達首首辭，范注本作「陽氣枝枝條出，物莫不達」，《集注》本「枝枝」作「枝枚」，盧校：「『枚』訛『枝』」。按：盧校是，當作「枝枚」。《集注》：「宋曰：『自枝別者為枚，自枚別者為條』。陸曰：『枝枚條出，言陽佈施無不浹也』」。可知《集注》本原作「枝枚條出」。《集注》於此二字並無校語，知范本原同《集注》本，故《集注》無校。范注：「枝條枚末莫不達者」，是范本原亦有「枚」字。今范本作「枝枝」，乃「枝枚」之誤，「枝」之與「枚」形近易訛也。

初一：中冥獨達，迥迥不屈。

范望曰：中，心也。心深稱冥。迥，通也。屈，盡也。一，中心冥冥，獨達於事，故通而不盡也。

司馬光曰：迥，徒弄切。范曰：迥，通也。屈，盡也。光謂：一，思之微者也，故曰中冥。當日之晝，君子內明默識，通達無方者也。

林希逸曰：迵與洞同。中心達而無窒礙也。

葉子奇曰：迵音洞。迵迵，通達貌。一為思始，故中心冥然獨達，無所不通，是以迵迵然不至于窮屈也。

陳本禮曰：水，晝。迵音洞。家性為水，冥，幽也。一之水，幽深清澈，能獨達其本源。迵迵者，流而不絕之象。屈，窮也。一為思始而當晝，能冥心獨達，蓋由本源之理明，故外不屈於物，是以迵迵流而不竭也。

鄭維駒曰：獨達者，乾之專也，不屈者，乾之道也。

鈴木由次郎曰：二月二十三日，晝，壁一度。水。冥，幽。迵迵，水流不絕貌。屈，盡。水深而達其本源，長流不盡。君子內明而曉萬物道理，外通天下之事而不偏於一方。

測曰：中冥獨達，內曉無方也。

范望曰：言其所曉通於四海，非一方也。

陳本禮曰：無方言不限於一隅也。江海橫流，支分派別而水性則一，天地廣大，事物萬殊，理無二致，君子內明默識，故通達無方也。

次二：迷腹達目。

范望曰：二為目，又為火，腹在水之間〔行〕，水克於火，息心不施，故迷腹也。家性為達，目明外照，故曰達目也。

司馬光曰：宋、陸本作以不道明，今從范本。光謂：二為思中而當夜，內心不明，則視外物不審矣，故不明於道，而恃外察無益也。以，用也。所以迷腹達目，由其用道不明故也。

葉子奇曰：腹，內也。目，外也。二雖居通達之世，然在夜陰，不能自明其在內之德，則其施之于外者不能無失也必矣。此由中及外也。

陳本禮曰：火，夜。

鄭維駒曰：坤為迷為腹，火屬離，為目，坤本外也，而次二得陰，先迷於內，適與火值，所明者僅在於目而已。

鈴木由次郎曰：二月二十三日，夜，火。腹喻心，目喻見。內心不明，則外視不審。徒欲明見其外，亦是無益。

文字校正：達首次二，《備要》本作「迷腹達曰」，按：「達曰」不辭，「曰」字誤，當作「目」。范注本、嘉慶本、《道藏》本皆作「達目」，各本測辭：「迷腹達目」，是其證也。次八：「迷目達腹」，正與次二相對為文。《玄數》：「九竅，

二七為目」，皆可為證。《集注》於此字無校語，是《集注》本原作「達目」，與范注本同，至《備要》本始誤為「達曰」。《備要》本稱據明刊本校勘印行，其印製雖精，然既經排印，必較原本多出若干誤處，此其一例也。

測曰：迷腹達目，以道不明也。

范望曰：目為心視，故其明也。

鄭維駒曰：火在外，不能內燭也。

俞樾曰：迷腹達目，以道不明也。樾謹按：范本如此，溫公從之，宋、陸本作以不道明，似於義為長。蓋必達於腹而後達於目，此明之以道者也。今迷腹而達目，則明不以道矣。是謂以不道明，范本誤。

文字校正：達首次二測辭：「迷腹達目，以道不明也」。按：達目即明，范注：「目明外照，故曰達目也。目為心視，故其明也」。可為證。次八：「迷目達腹」，「達腹」亦為明。《集注》：「惑於外物以撓內明」，內明即所謂達腹也，意同次二「達目」之為明也。達目既為明，而測辭曰「不明」，則與文意不合。《集注》：「宋、陸本作『以不道明』，今從范本」。按：當從宋、陸本作「以不道明」。贊辭測辭皆言明，文意始合而不乖。《玄告》：「人以心腹為明」，心腹明而後目明，是明之道也。俞氏曰：「蓋必達於腹，而後達於目，此明之以道者也。今迷腹而達目，則明不以道矣。是謂『以不道明』。」此說是。測辭范注：「目為心視，故其明也」。范注亦言明，則知范本原亦當作「以不道明也」，而《集注》謂從范本作「以道不明」，是宋時范本已誤倒矣。司馬光於此不審，舍宋、陸本而從范氏誤本也。

次三：蒼木維流，厥美可以達于瓜苞。

范望曰：東方為春，故青木也。維流，枝枚垂貌〔下〕也。瓜苞尋蔓於地，木不下其枝枚，則不得藁而蔓之而達於上，民弱於下，君不施仁以存恤之，上下懸絕，不相及也。

司馬光曰：范曰：維流，枝枚垂下也。瓜苞尋蔓於地，木不下其枝枚，則不得藁而蔓之而達於上。光謂：苞與匏同。三為進人，近於祿而當晝，仁者己欲立而立人，己欲達而達人，不專其美，如木垂其枝以逮於下，故瓜苞得而藁之。《詩》云：南有樛木，甘匏藁之。

葉子奇曰：維流，枝條下垂貌。瓜苞在地蔓生，言三居下之上，如蒼木之枝條下垂，引達在下之瓜苞，喻以貴下賤，以尊接卑，上下交而致天下之泰也。

陳本禮曰：木，晝。苞同匏。

鄭維駒曰：木屬巽，巽為瓜，木在水行，故流達於瓜苑，即樛木下逮之意。《大明》詩如山之苞，如川之流，此正用其韻。

鈴木由次郎曰：二月二十四日，晝，壁二度，水。流，木枝垂下至地。瓜苞，瓜與苞，苞同匏，瓢覃之屬。青萃茂盛之木枝下垂於地，瓜苞由蔓而上達。喻人內有深思，外則推求他人之心。

測曰：蒼木維流，內恕以量也。

范望曰：居高恕下，民所附也。

司馬光曰：量，力張切。

鄭氏曰：苞，舊說一作匏。以量，平聲。按：銓量之義，以用言之，則音良，器量之義，以體言之，則音亮。

陳本禮曰：以貴逮賤，以尊接卑，恕己量人，此《詩》所以詠樂只君子，福履成之也。

鄭維駒曰：內恕以量，然後能包荒也。

次四：小利小達大迷，扁扁不故。

范望曰：四為金，陰稱小，金稱利，陰中之金，故小利也。四為下祿，故小達也。不能進賢，專於小利，故大迷也。

司馬光曰：扁，必沔切。陸曰：獨曉一隅與一方，言不知四達也。光謂：扁扁，狹小貌。四為下祿而當夜，故為小利。小人獨曉隅方，不達大道，所得狹小，不能救其所失也。盆成括仕於齊，孟子知其必死，曰：其為人也小有才，未聞君子之大道也，則足以殺其軀而已矣。

林希逸曰：扁，必沔切。扁，狹也。見小而失大，不能自救其失也。所獨曉者，止一偶一方，所以小也。

葉子奇曰：扁扁，小貌。四為下祿，故小利。在達逢陰，是雖小有所達，乃大有所迷也，故其所行扁扁然，曾不知其故矣。

陳本禮曰：金，夜。扁扁，卑小也。不故，不通其指義也。四為下祿當夜，安於小利，小達則可，若舍小圖大，必致大迷，蓋由於小有才未聞君子之大道，此盆成括所以死於齊也。

鄭維駒曰：扁扁如《易》瑣瑣之謂泰，小大以人言，此以事理言。

鈴木由次郎曰：二月二十四日，夜，金。扁扁，卑小貌。安於小利小達亦

可，卻又企望大，則必迷於大。因此其心卑而小，終究不可救。未聞君子之大道，只曉一方一隅者也。

文字校正：達首次四，范注本作「小利，小達大迷，扁扁不故」，按：「不故」不辭，當從《集注》本作「不救」，「故」乃「救」之形訛，《集注》於此無校語，而曰：「不能救其所失也」，是當作「救」之證。扁扁，范注無說，《集注》訓作狹小之貌，蓋以扁為褊也。《小爾雅・廣言》：「褊，狹也」。《楚辭》：「淺智褊能」，注：「褊，狹也」，《說文》：「褊，衣小也」，是褊有狹小之義，故司馬光讀「扁」為「褊」，訓為狹小貌，蓋扁、褊聲近可通，然《集注》之說有未盡，「扁扁」又可讀作「偏偏」，偏、扁亦音近可通。達首準《易・泰卦》，達首次四：「扁扁不救」，仿《易・泰卦》六四：「翩翩不富」之句。《周易》此句，石經及各本作「翩翩」，而《釋文》作「篇篇」，古文作「偏偏」，是翩翩、偏偏亦聲近可通，《太玄》準《易》而作「扁扁」者，則兼褊、偏二字之義。褊訓狹小，司馬光已得之，偏偏者，謂偏於一方一隅，不知四達也。《廣雅・釋詁》四：「偏，方也」，《國語・晉語》：「今晉國之方，偏侯也」，韋注：「偏，偏方也」，《晉語》又曰：「詎非聖人必偏而後可」，韋注：「偏，偏有一也」，《荀子・不苟》：「偏傷之也」，楊注：「謂見其一隅」，此皆偏偏之義證也。達首次四測辭：「小達小迷，獨曉方也」，范注：「迷不四達，知一方也」。即偏偏之義也。范與司馬光各得其一義，合之乃為《太玄》原意。

測曰：小達大迷，獨曉隅方也。

范望曰：迷不四達，知一方也。

葉子奇曰：隅方，一偏也。

陳本禮曰：所謂牛羊之目獨曉方隅者也。

次五：達于中衢，大小無迷。

范望曰：五為土，土而四達，故稱衢。家性為達，而在中衢，無所不通，故曰小大無所迷也。

司馬光曰：五為中和，又為著明，當日之晝，達之盛者也，故曰道四達也。

葉子奇曰：在中而居通之世，是通之至者也。故達于四通之中衢，無往不可，是以無大無小，皆無所迷也。

陳本禮曰：土，晝。

鄭維駒曰：五處泰卦之中，大來無迷，小往亦無迷。中衢者五土，在中互震，又為大塗也。

鈴木由次郎曰：二月二十五日，晝，壁三度，鴻雁北。土。衢，四通之大道。達於中央之大道，無所不通，大事小事皆無迷。

文字校正：達首次五，嘉慶本作「達於中衢，小大無迷」，《道藏》本及范注本「小大」皆作「大小」，今按：當作「小大」，范注：「無所不通，故曰小大無所迷也」。是范氏所見本原作「小大」。今《集注》於此無校語，知二家皆作「小大」。今《道藏》本、范注本皆誤倒，嘉慶本不誤，仍存其舊。《太玄》習稱「小大」，不稱「大小」，如交首次六測辭：「小大之交」，是其例也。

測曰：達于中衢，道四通也。

范望曰：無所迷惑，故四通也。

次六：大達無畛，不要止，洫作否。

范望曰：畛，界也。要，中也。神靈之道，何界之有？洫，小水也。有堤坊之嶮，善其如洫，故否也。

章詧曰：六注謂神靈之道，莫測畛域，善其如洫，故不，則於六之說深未達也。且六居夜，小人也，其數為水，水之性流達無際，故曰大達無畛。小人之務達而不求其中道，居廢止息，則若溝也。

司馬光曰：畛，之忍切。六為極大，過中而當夜，故曰大達無畛。畛，田界也。洫所以明田界也。作，治也。君子之道，當有壇宇宮庭，譬如大田無界，若不要而止之，正其溝洫，而作治於其內，則荒穢而不修矣。不可徧從者，田既廣大，從此則失彼也。

葉子奇曰：畛，界限。洫，田間水道也。要，中也。言大達當無所不通，不可中道而止。苟或為封洫所限，則有所不通而作否也。

陳本禮曰：水，夜。畛，田界。洫，溝洫。要，中也。作，治也。

鄭維駒曰：要，會也。要止者，會歸之意。王道蕩平而不會歸於有極，惟溝洫是作，以自分畛域，此泰之反其類者也。故否。次六近君之臣也，人臣事君，不廓然大公而自分朋黨，必在遠君子近小人矣。坤為田，六為水，水田上，故曰畛曰洫。

鈴木由次郎曰：二月二十五日，夜，水。畛，田界。要，中，要止，止於中庸。洫，田間小溝。作，治。廣大之田沒有田間之界，若不止於中庸，正確治理田間小溝，則雜草生而田不得治。

文字校正：達首次六：「大迷無畛，不要止，洫作否」，測辭：「大達無畛，不可偏從也」。《道藏》本「止」作「上」，誤。《集注》：「若不要而止之」，是《集注》本原作「止」之證。「上」乃「止」之形訛。此贊辭當以「不要止，洫作否」為句，止、否古皆之部字，正相協韻。范注：「要，中也」，不確。《集注》：「若不要而止之」，義亦不明，《廣雅·釋言》：「要，約也」，《周禮·司約》：「治地之約次之」，鄭注：「地約，謂經界所至、田萊之比也」。「不要止」之「要」，亦當訓約，即地約之義。止者，定也，制也，正也。《爾雅·釋詁》：「尼，定也」，郭注：「止亦定」。《楚辭·靈懷》：「暮去次而敢止」，王注：「止，制也」。《詩·終風·序》：「見侮慢不能止也」，鄭箋：「正猶止也」。止訓定，正亦訓定，《周禮·宰夫》：「歲終則令群吏正歲會」，鄭注：「正猶定也」。「止」通「正」，「要」亦通「正」，《廣雅·釋言》：「正，要也」，然則「止」、「要」之義相通也。此以「要止」連文，皆整治制定田畎溝洫疆界之義，與上文「無畛」、下文「洫作」之意相貫通，可為互證。三句意謂：田廣而無界，然不整治之，洫溝之治否替不興矣。測辭：「不可偏從」，從謂從事，亦與贊辭「要止」、「洫作」之意相應，然「偏」當作「徧」，形訛也。廣而力小，故不能徧治也。達首次六辭當咎，若作「不可偏從」，則辭意為休，「不能徧從」，辭意始咎，合乎《玄》例。范注：「神佑以福，不私於人也」。讀為「偏從」，是晉時已訛。《集注》：「田既廣大，從此則失彼也」，讀為「徧從」，得《玄》之意也。

測曰：大達無畛，不可徧從也。

范望曰：神祐以福，不私於人也。

次七：達于砭割，前亡後賴。

范望曰：攻斷之盛，莫絕乎火〔大〕，故稱砭割也。火〔大〕焚宿菜〔草〕，故為前亡，以生五穀，故後賴也。

司馬光曰：砭，彼驗切。王曰：雖有砭割之損，終獲愈疾之利。賴，利也。光謂：砭，石之刺病也。七為刀，又為禍始而當晝，君子達於事變，知禍之至，割愛〔害〕去惡，如砭割之去病，雖有亡，後得其利，不為廢疾也。

鄭氏曰：《集韻》：砭，非廉切，又，彼驗切，皆以石刺病也。按：平聲者，刺病之物也，去聲者，刺病之事也。經言砭割，當以去聲讀之。

葉子奇曰：砭割，除其宿疾也。七為衰始，知其將然，遂能除其舊以布新，變而通之，則終以不廢也。然除舊故前亡，布新故後賴也。

陳本禮曰：火，晝。

鄭維駒曰：互兌為金，故云砭割。砭者血亡，割者肉亡，得坤陰疾，故血肉為累，欲起其廢，必亡其疾，故非砭割莫賴也。

鈴木由次郎曰：二月二十六日，晝，壁四度，火。砭，治病之石針。割，切開。或用石針，或切開之，進行治療。雖有最初之失敗，最後則有成功而可依賴。

測曰：達于砭割，終以不廢也。

范望曰：除故生新，不廢事也。

次八：迷目達腹。

范望曰：八木，七為目，目〔木〕在木〔目〕下，故迷目。迷則心精，故達腹也。

司馬光曰：二在內體，故曰迷腹。八在外體，故曰迷目。惑於外物，以撓內明，雖心知其非，而不能自克，所以終敗也。

林希逸曰：次二曰迷腹達目，言內惑而外察也。此曰迷目達腹，言內明而外惑也。內外俱明則善矣。

葉子奇曰：七逢陽暗，是迷其外，乃遂及其內也。二之迷腹達目，由中以及外。八之迷目達腹，由外以及中。是內外一致，表裏相須，未有內塞而外則通，外昏而中獨皦也。

陳本禮曰：木，夜。

鄭維駒曰：泰五爻處坤腹中離爻也，離為目，八以夜人之故，迷於目而腹為之累，內雖達，不能行也。

鈴木由次郎曰：二月二十六日，夜，木。惑於外物，心之聰明被攪混亂，心因外物而迷惑。

測曰：迷目達腹，外惑其內也。

范望曰：有目而迷，外惑也。

上九：達于咎貞，終譽。

范望曰：九在水家，家性為達，欲反克之，故言達于咎也。雖咎而貞，必達於咎而預防之，故有譽也。

章詧曰：九居為晝，君子也。處達之窮而居禍極，知達之窮，懼禍之極，

故曰達於咎。能以正道自時，故得其終，反咎而為譽也。故測曰善以道退也。蓋美其正道而解退其咎也。

司馬光曰：九為禍終而當晝，君子知禍之窮，守正而退，不失令名也。

葉子奇曰：居通之極，能知自作之咎，是過而能自訟者也，則其能改也必矣。宜其終以譽焉。退，損也，以道自損其過也。

陳本禮曰：金，晝。

鄭維駒曰：坤變乾至三爻為否，至四爻則並上乾不見，故坤四括囊，為天地閉塞之象。賢人匿跡，隱於已否之後，故無咎無譽。泰上城復於隍，賢人知幾守正，退於將否之先，故達咎終譽。

鈴木由次郎曰：二月二十七日，晝，壁五度，金。有過而受咎，若能改過，則為正確，終能受譽。

測曰：達咎終譽，善以道退也。

范望曰：以道防咎，故善退也。

陳本禮曰：退，損也。以道自損其過也。

交

☷ **交：陽交於陰，陰交於陽，物登明堂，喬喬皇皇。**

范望曰：一方二州三部一家，天玄，陽家，七火，上下，亦象泰卦。行屬於火，謂之交者，雨水之氣，太蔟用事，陰陽交泰，萬物登明，明〔出〕在地上，故稱明堂。喬喬，物長春風之聲貌也。皇皇，猶熒熒也。物長順節，枝枚營營，而順風交泰之時，故謂之交。交之初一，日入壁宿六度。

司馬光曰：陰家，火，準泰。小宋本作陰陽交泰，雍容無疆，今從諸家。喬，音聿。宋曰：於七分息卦為泰，升陽在三，已出地上也。陸曰：地下稱黃宮，故地上稱明堂。喬喬皇皇，休美貌。王曰：喬喬皇皇，明盛之貌。

陳仁子曰：交者陽氣交陰而無間也。二氣停則和，二氣交則生。《參同契》曰：仰以成泰，剛柔並（原書此字不清），陰陽交接。《玄》象泰有二首，達者如木干霄，勢不可阻，泰之初也，交者如雲垂水立，勢不可間，泰之極也。故泰者達之大者也，達不足以盡泰而繼以交。《易》於天陽降而地陰升為泰，《玄》於地二火而天七成為交，一二之冥交，四之神交，五之鸚猩之交，夫孰能間之。

葉子奇曰：明堂，王者布政之宮也。喬喬，和也。皇皇，大也。物至是，既和且大也。交之初一，日入壁宿六度。

陳本禮曰：陰家，七，火，上下，卦準泰。《傳》：此時陽氣宣通，枝條暢達，然懼陰之暴虐其民，故不得不下交於陰。陰亦畏陽之驟長，冒土而出，外彌於野，故上交於陽。二氣相交，《易》曰：天地交而萬物通，上下交而其志同也。明堂，王者布政之堂，喬喬皇皇者，萬物感受陰陽和氣美盛休明，如登王者明堂而受其榮寵也。

孫瀫曰：交亦準泰，剛柔相應，君子以誠意幽贊乎鬼神，明保於王家。

鈴木由次郎曰：第十六首，陰，七火，一方二州三部一家。明堂，王者布示政教之處。喬喬皇皇，明盛貌。陽氣伸而通，下交於陰，陰氣猶不衰，上交於陽。萬物受陰陽和氣，明而壯盛，如同王者登明堂，物得受其寵榮。

初一：冥交于神，齊，不以其貞。

范望曰：一，北方也，故冥。冥，闇昧也，亦為鬼神，北方太陰，陰者，鬼神之府也。家性為交，交於鬼神，必以肅敬齊也。貞，精誠也。交於鬼神，雖在冥闇，不以精誠，神弗福也。

司馬光曰：齊與齋同。范曰：冥，暗昧也。交於鬼神，雖在冥暗，不以精誠，神弗福也。光謂：一為思始而當夜，故有是象。

林希逸曰：交於神明，祭祀也。雖齋而其內心不正，非事神明之道。心既懷非，則內愧矣。

葉子奇曰：齋，將祭而致其精誠也。今將冥漠以交于神明之初，而致其精誠，乃不以其正，則無以為交神之本矣，雖祭復何益哉。

陳本禮曰：水，夜。齊，側皆切。冥交者，默以心感也。始交之初，齊不以其誠，神弗福也。坎為水位，在北方，太陰鬼神之府。

鄭維駒曰：乾為神，神陽而冥，冥以交之而不以其貞，則齊而非齊矣。

鈴木由次郎曰：二月二十七日，夜，水。冥交，默而以心相交感。心與神相交。本應肅敬齋穆，心卻不誠。

測曰：冥交不以，懷非含愧也。

范望曰：冥闇不肅，故包愧也。

葉子奇曰：包，羞也。

陳本禮曰：一在水世，以水克火，猶祀神而先受克，則所懷已非矣。祀神而神不饗，則對越之下，內已含愧矣，猶得謂之為冥交可乎。

文字校正：交首初一測辭：「冥交不以，懷非含懃也」（范注本）。《集注》本「不以」作「不貞」，盧校：「司馬作『貞』，當從之」。此說是。「不以」，不辭，「冥交不貞」，乃贊辭「冥交于神齊，不以其貞」之省括。

次二：冥交有孚，明如。

范望曰：孚，信也。二為平人，平正之人，交於神明，必以誠信，故曰有孚也。

司馬光曰：二為思中而當晝，君子能以明信交於鬼神者也。

葉子奇曰：孚，精誠感通也。二中而剛明，宜其有精誠以接于神，神其有不享乎。

陳本禮曰：火，晝。二為重火，是交有孚也。交有孚則明，兩（此字恐有誤）作離之象，故曰明如也。

鄭維駒曰：二亦冥交，然冥而有孚，以其為晝人，能以明接神也。

鈴木由次郎曰：二月二十八日，晝，壁六度，火。心與神交而有誠，因此心內大明。

測曰：冥交之孚，信接神明也。

范望曰：明中平正，接神信也。

次三：交于木石。

范望曰：三木四石，家性為交，木石相克，而反交通，非其所也。

司馬光曰：三為成意，始交於外，而當日之晝〔夜〕，交於愚人如交木石，不能相益也。孔子曰：無友不如己者。

葉子奇曰：木石，無知之物。三居夜陰，所交乃無知之物，果何益哉。

陳本禮曰：木，夜。木石無知之物，三居夜陰而在火世，性本愚蒙，而所交者又皆蠢頑不靈之物，豈能有益於人耶。

鄭維駒曰：木石無知而匪人也。互震為木，互兌為金，石，金類。

鈴木由次郎曰：二月二十八日，夜，木。與木石相交，而不能與人相交。

測曰：交于木石，不能嚮人也。

范望曰：舍人交石，非所嚮也。

鄭維駒曰：匪人無知，故不能嚮人。

次四：往來熏熏，得亡之門。

范望曰：禮尚往來，必相往來，交報有章，故熏熏也。交接之通〔道〕，上下相顧。亡猶絕也，不相交報，交道廢絕，故言得亡之門也。

司馬光曰：王本神作福，今從諸家。王曰：熏熏，眾多之貌。

葉子奇曰：熏熏，和也。謂得福而亡禍也。說見《玄瑩》。四在福初，能交于神，與神酬酢往來，熏熏然其和，宜其得福而亡禍之為道也。

陳本禮曰：金，晝。禮尚往來，交報有章，故熏熏也。得亡之門，謂從賊附逆，必得滅門之禍也。《玄瑩》曰：天地福順而禍逆，山川福庳而禍高，人道福正而禍邪，則是雖有玉帛，熏熏往來於權貴之門，其能免於禍耶。此可以見附莽者之無益也。

孫澍曰：熏熏，和悅也。四為福資而當晝，君子內正而外馴，每以下人，是以動得福而亡禍，故曰往來熏熏，得亡之門。

鄭維駒曰：泰三爻陽來陰往之會，得朋喪朋之交，附神者眾矣，非艱貞能無咎哉。乾為門，得亡之門，戒之之詞，此二語亦見玄瑩。

鈴木由次郎曰：三月一日，晝，壁七度，金。熏熏，和悅貌。禮尚往來，與人以禮相交而和悅，終則得福無禍。

測曰：往來熏熏，與神交行也。

范望曰：往來以道，行之福也。

陳本禮曰：小人之事權貴，畏懼甚於鬼神，祀神禮缺，譴責不即見，權貴若簡褻，禍殃可立至也。與神交行者，不敢仰邀權貴之榮寵也。

鄭維駒曰：乾為神，坤為鬼，往來熏熏，有匪人焉，而與神交行，此其所當戒也。

次五：交于鸚猩，不獲其榮。

范望曰：五處尊位，交必其人，以自匡佐，交非其類，何榮之有。四為毛屬，故稱鸚猩。《禮記》曰：鸚猩能言，不離鳥獸。君子之道，無友不如己者，況禽獸乎。

司馬光曰：鸚鵡能言，不離飛鳥，猩猩能言，不離禽獸。五居盛位而當夜，交物不以禮者也。交不以禮，而求榮耀，安可得哉。《詩》云：兄弟其觥，旨酒思柔。彼〔被〕交匪敖，万福來求。

林希逸曰：鸚鵡猩猩雖能言，非人類也。言交於非人，祇以自辱也。

葉子奇曰：鸚猩，雖有知而頑冥不靈。五居交之中而逢夜陰，是不明于交之道，而交于頑冥之鸚猩，果何以望其有益而獲其榮哉。戒交非其類也。

焦袁熹曰：交於鸚猩，不獲其榮，纖細之夫，不以道之宜相切直，徒以甘言好辭悅人意者，是鸚猩也。喜與為交，其損多矣。

陳本禮曰：土，夜。鸚以比當時稱符命頌功德者，惟知甘詞好音以取媚也。猩以比莽，史稱莽露眼赤睛，聲若豺狼，大聲而嘶，真猩猩也。是君臣皆如鳥獸，豈能獲其榮哉。

鄭維駒曰：乾為口，互兌為口，鸚猩口能言而異類，有知而匪人也。無知之匪人，固無益於人，有知之匪人，將有損於人。五為主不能擇人而交，而徒與能言者為往來，其視衛懿之鶴，晉靈之獒，正復相似，又奚足為榮哉。

鈴木由次郎曰：三月一日，夜，土。鸚，鸚鵡。猩，猩猩。與鸚鵡猩猩相交（喻相交不用禮，以甘言好辭相交），則不能受榮寵。

測曰：交于鸚猩，鳥獸同方也。

范望曰：方，道也。交非其人，故同方也。

次六：大圈閎閎，小圈交之，我有靈殽，與爾殽之。

范望曰：圈，國也。閎閎，敦美之意也。六為宗廟，齊晉江奇書有朝聘之道，小國入貢，必先告之宗廟，故言靈殽。三〔二〕國交接，動以禮合，故言有殽共之也。

司馬光曰：二宋、陸、王本閎閎作閣閣，今從范本。范、王本肴作殽，今從二宋、陸本。范本殽之或作散之。圈，求晚切。王曰：圈者，殽羞之器。待賢之道，煥然有光，交道之盛也。光謂：圈，養畜閑也。閎閎，大貌。靈，善也。肴，骨體也。肴之字當作餚，餚，啖也。大圈以喻富有君子，小圈以喻無祿之士。六為盛多而當畫，君子有祿，樂與賢者共之，《易》曰：我有好爵，吾與爾靡之。

林希逸曰：圈，求晚切，豢養之所也。以我大養之地，而交其小養者，即頤卦大烹養賢之意。大養猶大畜也。以我之靈殽與爾共食之，言與賢者共天祿也。殽合作餚，餚，美食也。

葉子奇曰：大圈，大國也。閎閎，高大貌。六當福盛之地，如小國盡事大之禮，而獲其福祚之報，如有靈美之殽，其與爾共享之。

　　陳本禮曰：水，畫。圈，養畜閑也。大圈可以養牛，小圈可以養羊豕，此以比莽養士授餐之館，閎閎狀其高大而宏敞也。交之者言待以平常賓客之禮耳。大圈以養國士，小圈以豢庶士，靈殽者爵祿也。此亦好爵爾靡之義。（劉按：此贊吉辭，陳本禮說非是）

　　俞樾曰：大圈閎閎，小圈交之。樾謹按：《管子・幼官》篇：強國為圈，弱國為屬，然則范望訓圈為國，正得其解。大圈小圈，猶大國小國，謂小國交於大國也。王曰：圈者殽羞之器，溫公謂圈養畜閑也，並與交之之義未合。

　　鄭維駒曰：乾為大為圜，故為大圈，陰交析陽交為二，是為小圈。坤為牛，兌為羊，靈殽也。與爾殽之者，小願交大之詞。

　　鈴木由次郎曰：三月二日，晝，壁八度，草木萌動。圈，畜養牛羊之圈欄。閎閎，大貌。靈，善。殽，魚肉之類。殽之，食之。大圈欄，小圈欄，裡面的獸啊，我有好魚肉，我要讓你們好好享用之。此喻君主以爵祿給與賢者，樂與賢者共之。

　　文字校正：交首次六：「我有靈肴，與爾肴之」（嘉慶本），范注本「肴」皆用「殽」，「肴之」作「殽之」。按：皆當作「肴」。《道藏》本作「殽之」，非《集注》本之舊。《集注》於此有校語：「王本『肴』作『殽』，今從二宋、陸本」。又曰：「『肴之』當作『餚』，餚，啖也」，可證。然謂「肴之」當作「餚」則非，《說文》：「肴，啖也」，可證。《說文》：「殽，相雜錯也」，知「肴之」亦不當作「殽之」也。肴訓啖，是為動詞，不可作名詞。《廣雅・釋器》：「肴，肉也」。《文選・西京賦》：「膳夫馳騎」，注：「肴，膳也」。《國語・晉語》：「飲而無肴」，韋注：「肴，俎實也」。皆「肴」為名詞之例，然則「靈肴」之「肴」，亦當作「肴」也。《太玄》此贊，當用同一字，不當上用「殽」而下用「肴」，以一「肴」字表名、表動，是其活用也。俞樾《古書疑義舉例》有「實字活用例」，即謂此類也。

測曰：大小之交，待賢煥光也。

　　范望曰：相交以禮，煥有光儀也。

　　陳本禮曰：史稱莽交結卿相以要名譽，故在位者咸頌美之，所謂待賢煥光也。

　　鄭維駒曰：連茹彙徵群賢也，坤為迷為晦，故待賢以光。

　　江紹原曰：說文六下「圈，養畜之閑也，從口，卷聲」，此司馬注所用之義，王涯釋為殽羞之器，將圈認為棬或桊之借字（《莊子・齊物論》及《禮記・

玉藻》篇，均有借為棬之圈字），范望訓圈為國，最無據，雖有俞曲園引《管子》以証，難免於三大可疑。1. 圈之訓國，古籍不見他例。2. 次六大圈閣閣，小圈交之，介于次五交于鸞猩與次七交于鳥鼠之間，圈果為國而非鳥獸之名？3.《太玄》交首雖擬《周易》泰卦，本贊則擬《易》中孚九二「鳴鶴在陰，其子和之，我有好爵，吾與爾靡之」，鶴為生物無疑，圈果非耶？《春秋》文公十一年春，楚伐麋，麋字《左傳》、《穀梁傳》同，而《公羊傳》作圈，昭公元年楚子麋卒，《左傳》作麋，《公羊》《穀梁》作卷，《史記索隱》引作麇。麋一卷一圈，古常混用，據此可知。《說文》十上「麋，麞也，從鹿，囷省，聲。麞，籀文不省。麞見《爾雅》及《詩經》，陸机《詩疏》云：「麞，麞也，青州人謂之麞」。《太玄》大圈小圈，實即大麞小麞，范、俞訓國，王讀棬，司馬訓養畜之閑，皆謬。交次六擬中孚九二，故中孚「鶴」足証交「圈」確應讀麞。交次六又受啟發於《詩・小雅》「呦呦鹿鳴」章，呦呦，與中孚「鳴」，使我疑閣閣、閣閣亦誤。國可閣閣，麞似不可，約之閣閣（《詩》），可也，麞鳴之聲，怎能是閣閣？閣閣疑均閣之誤。閣通呦，故閣閣即呦呦歟？《說文》：「呦，鹿鳴聲也」，重文作欨。交次六閣（呦）、交、殽為韻？肴之、殽之均可，散之失韻，當是殽之之訛，或淺人所改，中孚靡字亦有人誤訓為散故也。《詩・魏風》「園有桃，其實之殽」，「園有棘，其實之食」，殽食義近，司馬云《太玄》當作餚之，然似可不必。交次六受啟發於《詩・小雅・鹿鳴》篇，共三章，首章「呦呦鹿鳴，食野之苹」，次章苹作蒿，末章作芩。此詩所詠何事？毛傳曰：「鹿鳴，燕群臣嘉賓也。既飲食之，又實幣帛筐篚，以將其厚意，然後忠臣嘉賓，得盡其心矣。」然《潛夫論》不取此說：「其後忽養賢而鹿鳴思，背宗族而采蘩怨」，汪繼培箋曰：「『此後』所述詩義，皆與毛傳異，蓋本三家之說。」以《太玄》交次七測辭「小大之交，待賢煥光也」推之，疑楊雄於《鹿鳴》篇亦不用毛傳之義。再以測辭與《潛夫論》相比勘，尤足証贊辭是受啟發於《鹿鳴》篇，故圈確是麞，閣閣確是閣之誤。總之，以《易》本文、《詩》本文、《春秋》三《傳》及漢人所述《鹿鳴》篇詩義校之，知《太玄》交次六贊辭應作：大圈（即麋—麞）閣閣（即呦呦），小圈交之。我有靈殽，與爾殽之。又考《管子》原文及各家注解，知此書確無可以訓國的圈字。《管子》書兩「圈屬」皆當訓「眷屬」，則俞曲園自不應引《管子》以証《太玄》之圈訓國。朱駿聲《說文通訓定聲》亦以國為圈之旁訓，然只舉《太玄》及范注為例，不舉《管子》尹注，較俞為謹慎矣。然以往直接研究《太玄》者似太少，范望《太玄》注卻極受人重視，

因此之故，講古訓，修字典的人們，每每照抄范望的誤注而不知改，這是很可惋惜的事。總結圈字之義有如下：1. 養畜之閑，2. 借為桊，又作棬，3. 借為益，又作蓋，4. 借為眷，又作婘，5. 借為麇，與麕、麢通。又，閣字《說文》《爾雅》《廣韻》均不載，只見於《玉篇》，云乃祐之古字，《楚辭·天問》「驚女采薇鹿何祐」，上鹿而下祐，所以我疑祐亦即閣（呦、欰、欱），《玄》之「交之」疑與《易》之「和之」意同或近。而《太玄》迎次二贊辭，亦可為此說之証。比較迎次二、交次六及《周易》中孚九二：《易》中孚：1. 鳴鶴在陰（一本作鶴鳴），2. 其子和之，3. 我有好爵，4. 吾與爾靡之（一本無吾字）。《太玄》交次六：1. 大圈閎閎，2. 小圈交之，3. 我有靈殼，4. 與爾殼之。《太玄》迎次二：1. 蛟潛於淵，2. 陵卵化之，3. 人有陰言（一作人或陰言），4. 百姓和之。鶴蛟足証圈應讀麇，鳴足証閎閎乃鳴聲。《易》之 1 與《玄》迎之 1，皆足証《玄》交讀「大圈（麇）閎閎」甚善。鶴子、小圈、蛟卵，甚相合。則小圈與蛟卵足証子雲不以《易》「子」為雌鶴。《玄》迎之 3 合於《玄》交之 3 及《易》中孚之 3，可知「靈殼」足証《易》「好爵」之爵非爵祿。

次七：交于鳥鼠，費其資黍。

范望曰：七為飛鳥，亦為鼠，亦為弱王，王弱於治，而好異端，牧養禽獸鳥鼠之類，故言費也。

司馬光曰：七為敗損而當夜，交非其人，徒費而已。《法言》曰：頻頻之黨，甚於鸒斯，亦賊夫糧食而已矣。

林希逸曰：所養非類，徒費無益也。與鸚猩同意。

葉子奇曰：七居夜幽，所交亦非其類，如交于鳥鼠，徒費其資黍而已，有損而無益也。

焦袁熹曰：交於鳥鼠，徒費資黍，以育禽蟲，滿嗉充腸，非惟無益，戒人君畜聚斂及盜臣也。

陳本禮曰：火，夜。平帝元始四年，莽奏起明堂辟雍，徵天下通經異能之士集於京師，又築舍萬區以網羅天下之士，上書頌莽功德者至四十八萬七千五百七十二人，皆所謂鳥鼠輩也。

孫澍曰：孔子曰：友便辟，友善柔，友便佞，損矣。故曰徒費。

鄭維駒曰：鳥動於震木之上，鼠藏於坤土之中，其為異類，又鸚猩之不若，費其資黍，亦徒然耳。

鈴木由次郎曰：三月二日，夜。火。與鳥獸相交，白費其餌。交不可相交者，其費無益。

測曰：交于鳥鼠，徒費也。

范望曰：無益之費，故言徒也。

陳本禮曰：徒然無益之費。

鄭維駒曰：黃鳥啄粟，碩鼠食苗，詩人刺之，豈徒費而已哉。

次八：戈矛往來，以其貞，不悔。

范望曰：八為矛，九為戈，象木銳若矛也。戈則生枝，亦其象也。八交於九，法當相克。家性為交，善交則和，不教民戰，是謂棄之，農隙之間，講武習兵，往來戈矛，交於道路，無犯非禮，故貞。貞，正也。以道正之，故曰不悔也。

司馬光曰：八為禍中，交不以好而以兵者也，故曰戈矛往來。然當日之晝，君子交兵，所以沮亂禁暴，不得已而用之，不違於正，故無悔也。夫鞭朴不可弛於家，刑罰不可廢於國，征伐不可偃於天下，用之有本末，行之有逆順耳。

葉子奇曰：八居禍中，不可不戒，宜儲戒器以備不虞，蓋征伐不可弛于天下也。但得其正，則不至于悔矣。

陳本禮曰：木，晝。君子之交道義為重，毋庸及於戈矛往來也。八為矛為戈，金木相克，以戈矛往來也。小人當禍亂之世，始以交起，交不克已，遂至凶終，隙末以兵爭矣。以其貞不悔者，凡朋友所以欲擊之刺之者，蓋以匡救其過而規之以正也。友可也，故不悔。

鄭維駒曰：坤眾用兌金，戈矛往來，象城之未復，可用師以救，否貞之道也，何悔之有。

鈴木由次郎曰：三月三日，晝，壁九度。木。君子往來以道義，不應手執武器而往來。有時以武器相往來也有必要，此若正確，則用之亦不後悔。

測曰：戈矛往來，征不可廢也。

范望曰：講習以時，不廢棄也。

陳本禮曰：友朋相契，利在斷金，彼以戈來，此以矛往，箴規切磨，借助他山，同歸於正，故曰征不可廢也。

鄭維駒曰：戈矛之交，救否也。

文字校正：交首次八測辭：「戈矛往來，往不可廢也」（《備要》本）。按：

下「往」字誤，當作「征」。范注本、嘉慶本及《道藏》本均作「征」。《集注》：「夫鞭朴不可弛於家，刑罰不可廢于國，征伐不可偃於天下」，亦言征伐，是《集注》本原作「征」之證，今《備要》本涉上「戈矛往來」之「往」而誤為「往不可廢也」。

上九：交于戰伐，不貞，覆于城，猛則噉。

范望曰：古者治兵，以征不義，侵伐不止，為眾所怨，必為大國所吞滅也，故有覆城吞噉之憂。有似齊桓不修其師，大陷沛澤而執濤〔儔〕塗也，春秋譏之也。

司馬光曰：九為禍窮而當夜，小人交戰爭勝，不以其正，覆國喪家者也。以桀攻桀，德不相殊，則以猛噉弱而已，無有優劣也。

葉子奇曰：噉，吞滅也。九居交之極，禍之中，故禍莫慘于以兵而毒天下也，況交于戰伐不得其正者哉。禍小則有覆城之憂，禍烈則有吞滅之慘，自古及今，未有黷武而不亡者也，可不監哉。古云：國雖大，好戰必亡。天下雖安，忘戰必危。此說正與此二贊之意同。

陳本禮曰：金，晝。九為禍窮而當夜，小人已先不正，而欲正人，恃九金之剛，欺八木之弱，陽為規正，陰實懷私，為逞忿報怨，地報之不已，兵連禍結，至於覆城被噉，而不能解者，誰之咎歟。不貞故也，猛故也。

鄭維駒曰：違勿用師之戒，故不貞，兌坤皆為虎，說不哂，故猛則噉，泰極而否，虎將反噬之象也。

鈴木由次郎曰：三月三日，夜，金。噉，啖食。以戰相交。雖可戰勝，若其戰不正當，終則覆國而亡。猛烈之時，至於吞食他國。不可輕與他國構難。

文字校正：《道藏》本交首次五：「鸎猩，不獲其榮」，上九：「交於獸代，不貞，覆於城，猛則噉」。按：《道藏》本「鸎猩」上脫「交於」二字，印刷此字而有所未見。「獸代」，當作「戰伐」，形近而訛也。范注本、嘉慶本皆作「交於鸎猩」、「交於戰伐」，《道藏》本測辭亦作「交於鸎猩」，可證。獸伐，不辭，「戰伐」乃承次八「戈矛往來」而言，《集注》：「小人交戰，爭勝不以其正」，《道藏》本作「小人交獸」，不辭之甚，亦可反證不當作「獸」。范注：「戰伐之事，何可久也」，是范本亦作「戰伐」，《集注》無校，可證與范本無異。范本、《道藏》本皆作「覆于城」，嘉慶本、《備要》本「城」作「伐」，此「伐」字涉上「戰伐」而誤，當作「城」。范注：「故有覆城吞噉之憂」，《集

注》無校語，且曰：「覆國喪家者也」，亦指「城」而言，與「伐」字無涉，知當作「城」也。

測曰：交于戰伐，奚可遂也。

范望曰：遂猶久也，戰伐之事，何可久也。

陳本禮曰：金在火世，動即受克，奚可遂者，言不可輕於搆難也。讀次八上九二贊，見當時交道之薄，人心之險如是，可以覘世道矣。

鄭維駒曰：戰伐之交否，不可救也。

耎

☵ 耎：陽氣能剛能柔，能作能休，見難而縮。

范望曰：一方二州三部二家，天玄，陰家，八木，上中，象需卦。（葉子奇為陰家）行屬於木，謂之耎（原字作𠬧，均當改作耎，下同）者，雨水氣終於此首之次七，驚蟄起於此首之次八，是時陰尚在上，萬物滋生猶以為難，陽氣當上，剛柔隨時，休動未定，耎而自縮，故謂之耎。耎之初一，日入於奎宿一度也。

章詧曰：陽氣至剛，其何以生萬物，萬物鏉鏉刺地而生，其得柔初也。謂其能順萬物之性，俾各遂其本，故曰能剛能柔。柔剛之義，有仁義之道。達於時，時行則行，時止則止，故曰能作能休。知難則退，故曰見難而縮。故謂之耎。《衝》曰：耎而有畏，《錯》曰：耎而退，即其義也。

司馬光曰：耎與軟同。陽家，木，準需。入耎初一，日舍奎，入次九八分二十秒，日次降婁，雨水氣應，斗建卯位，律中夾鍾。難，乃旦切。

林希逸曰：準需。與軟同，柔弱之義。

鄭氏曰：注云：雨水氣終於此首之次七，驚蟄起於此首之次八。聞之師曰：雨水終次八，驚蟄起上九，注差一贊。其他差錯不可勝言，故以曆法證之。

陳仁子曰：耎者陽雖進而猶自縮也，《玄》曰耎有畏，又曰見難而縮，非法也。蓋自反而縮之謂，即需健而止之謂也。天下之理，自恃者不進而自畏者能進，故泰之後或繼以否，而交之後即次耎也。《易》以剛遇坎陰之險，需而圖之，是以不輕進而有功，《玄》以陽交地八之陰，故耎而反之，是以不輕進而無躓，一之退以動，三之不可肆，六之逋後承菑，皆耎也，豈畏而進哉？

葉子奇曰：耎音軟，以其能剛柔作休，故能見難而縮。耎之初一，日入奎宿一度。雨水氣終此首之次七，驚蟄節起此首之次八。

陳本禮曰：偄同輭，舊訛耎。陽家，八，木，上中，日舍降婁，斗建卯，律中夾鍾，驚蟄氣應，卦準需。《傳》：偄，弱也。陰陽之氣甫交，陽不肯以強凌人，而自處於弱，所謂能剛能柔，能作能休也。見難而縮者，是月也雷始發聲，蟄蟲啟戶，然餘寒尚在，凡含陽趁暖而出者，一遇春寒，仍復縮而伏矣，故曰偄。

孫澍曰：偄準需，《太玄》以寬柔立教，內正志而外含宏。

鈴木由次郎曰：第十七首，陽，八木，一方二州三部二家。偄，柔弱。陽氣始交於陰氣，能剛能柔，能活動能休息。若逢春寒，則復縮伏。

文字校正：范本、嘉慶本、《備要》本通書作「耎」，實誤，《道藏》本作「偄」，盧校：「司馬作『偄』，是也，乃柔偄之義」。《道藏》本即司馬光《集注》本，盧說是。范本《釋文》出「偄」字，曰：「而兗切」，此即《廣韻》所載「偄」字之反切，知范本原當作「偄」，《集注》：「『偄』與『軟』同」，《廣韻》「軟」、「偄」皆而兗切，可證《集注》本原亦當作「偄」。《一切經意義》五引《三蒼》：「偄，弱也，物柔曰偄」，《漢書‧天文志》，《集注》引晉灼：「偄，退也」。是「偄」有柔弱退縮之義。偄首首辭：「陽氣能剛能柔，能作能休，見難而縮」，正用「偄」字之義，亦可證《太玄》原文即作「偄」字也。偄首初一：「利進以退」，次三：「偄其邲」，次四：「偄其哇」，次六：「縮失時」，次七：「屈其節」，次八：「小人有偄，三卻鉤羅」，上九：「悔縮」，皆謂偄弱退縮之事。今之范本、嘉慶本、《備要》本皆誤作「耎」，並當改正。

初一：赤卉方銳，利進以退。

范望曰：赤卉，草木萌牙也。銳，進也。草木之進，能如水（似當作木）浸尋以長，日以上進。家性為偄，故以退也。

司馬光曰：范曰：赤卉，草木萌牙也。光謂：萌牙之生，必先勾屈，如君子退讓而身益進也。

葉子奇曰：初在下，如赤卉之生，方當長銳，猶為陰氣所防，未得直遂，故雖利于進而以退也。

陳本禮曰：水，晝。赤卉，草之萌芽才出土者，正在銳長，忽為陰氣所難，不得暢舒，故利以退也。

孫澍曰：草木之初，其芽皆赤，如嬰孩，曰赤子是也。退謂陰始動，初一位當晝而氣應乎雨水，律中夾鍾，陰近而百果草木皆甲折，故曰退以動也。

鄭維駒曰：乾為大赤，物始生而赤，故曰赤卉。乾初變為巽，進退象，《易》乾四文言曰：進退無恆，欲及時也。利進以退者，下入而後上銳也。

鈴木由次郎曰：三月四日，畫，奎一度，水。赤卉，草芽初出地上者。草芽漸伸出地上，若有陰氣之妨害，則宜暫時退縮，待時而動。

測曰：赤卉方銳，退以動也。

范望曰：當進害陰，故動退者也。

陳本禮曰：時世艱險，不利於進，君子知機，故暫退以避，俟時而動也。

鄭維駒曰：以退為進，即蠖屈求信之義。

次二：戛其心，作疾。

范望曰：作，為也。二七為火，亦為心，火在陰中，戛而不進，故作疾也。中火所作，故心疾也。

司馬光曰：二為思中而當夜，家性為戛，以無勇為病者也。《春秋傳》曰：仁而不武，無能達也。

葉子奇曰：戛非不能進，俟難而未進也。二在戛當陰，是戛縮其中心，巽懦逡巡不能有為，初非有待而能進者也，則終于戛縮而已，豈不為病乎。

陳本禮曰：火，夜。二在思中而當夜，中為心，陰火孱弱，不能有為，況值難世，因而致病，故曰疾。

鄭維駒曰：坎為心為疾，二思中，故有心疾。

鈴木由次郎曰：三月四日，夜，火。其心軟弱，遭遇困難，以至成疾。

測曰：戛其心，中無勇也。

范望曰：戛縮之性，故無勇也。

次三：戛其剽，守其節，雖勿肆，終無拂。

范望曰：三為進人，而在戛家，不能自退〔進〕，守節而已，不敢肆行，終無過差之所拂除也。

司馬光曰：剽與膝同。拂，扶勿切。王曰：拂，戾也。光謂：三在下體，故曰戛其剽。雖不得自肆，終未違於常道也。

葉子奇曰：三居思之終，是能慎其思而戛縮以避于世難也。戛其剽，言屈其身也。守其節，言不失其道也。雖其身之不得大，見肆用于時，亦不汲汲于拂去也。愚按：身外無道，道外無身，身出則道在必行，道屈則身在必退，未有屈身而能伸道之理，此君子所以病揚子而不已其莽大夫之書者乎。

焦袁熹曰：奭其郄，斂郄危坐，故言體不可肆。

陳本禮曰：木，晝。此能見難而縮者，肆，越禮也。三為下體，故曰奭其膝。君子屈身守節，以避難世，雖不越禮以犯忌諱，然亦不遇拂意之事。此子雲自道也。先生迫於莽勢，去既不能，死又不可，惟有依隱玩世，以待天下之變已耳。

鄭維駒曰：三為股，故稱郄。郄可屈而節不可屈，屈勿肆者，不得肆志也。無拂者，敬而無失，恭而有禮也。

鈴木由次郎曰：三月五日，晝，奎二度，木。屈膝正坐，守節不變。處困難之世，不能恣心縱意，無所違心。

文字校正：范注本奭首次三：「奭其郄，守其節，雖勿肆，終無拂」。測辭：「奭其郄，體不可肆也」。《道藏》本、嘉慶本同，《備要》本贊辭作「郄」，測辭作「郄」。按：當作「郄」，作「郄」者誤。《說文》邑部：「郄，齊地也，從邑，谷聲」。卩部：「郄，脛頭卩也，從卩，谷聲」。徐鉉曰：「今俗作『膝』」。知「郄」、「郄」二字，不可混同。范本《釋文》：「郄，地名，在齊」，是范本原即作「郄」也。《集注》：「『郄』與『膝』同」，是《集注》本原當作「郄」，今各本皆誤。司馬光不察「郄」「郄」之別，而未加校語與范本之異。「奭其郄」，不辭，當作「奭其郄」，猶曰屈膝也，正與次二「奭其心」、次四「奭其哇」相對為文，且與測辭「體不可肆」相應，此皆可證當作「郄」。范注無說，《集注》讀作「膝」，是。焦袁熹《太玄解》曰：「斂郄危坐，故言體不可肆」，其說是，然作「郄」字仍誤。

測曰：奭其郄，體不可肆也。

范望曰：奭縮之世，不可肆行己意者也。

陳本禮曰：體不可肆，謂校書天祿，終身不為莽設一謀，以全漢節也。

次四：奭其哇，三歲不喌。

范望曰：曰〔四〕為兌，故稱哇。喌，啄也。家性為奭，奭而自退，故不啄也。

司馬光曰：哇，於佳切。喌，竹角切，又音晝。王曰：哇，喉也。光謂：四為下祿，又為條暢，而當夜，可語而默者也。孔子曰：言及之而不言謂之隱。

葉子奇曰：喌音晝。奭其哇，遜其言也。不喌，不鳴也。四逢奭縮之時，不可以有為，惟箝口結舌，遠害全身而已。

陳本禮曰：金，夜。噣音晝。四為兌金，故稱哇。三歲言其久。引葉注。

鄭維駒曰：四為下祿而在陰中，耎其哇，不出言也。三年不蠋，不食祿也。陽實陰虛，不蠋者虛而不實也。明夷下離曰三年不食，需互離曰三年不蠋，皆傷於陰故也。

鈴木由次郎曰：三月五日，夜，金。哇，喉。不噣，不鳴。噣，口。軟其喉，三年不鳴。非其時，不可積極發言。

文字校正：耎首次四：「耎其哇，三歲不噣」，范注：「噣，啄也」，盧校：「『喙』訛『啄』」。按：盧校蓋據《說文》「噣，喙也」而言，然其說非是。范注原文當即作「啄」，而非作「喙」。《說文》：「啄，鳥食也，喙，口也」。范注：「噣，啄也」，不言噣喙也，乃取啄食之義，不用口喙之義也。噣、啄，古皆屬端母屋韻字，故可相通。《戰國策・楚策》四：「黃雀因是以，俯噣白粒」，《漢書・東方朔傳》：「尻益高者，鶴俯啄也」，注：「啄，鳥觜也」，鳥觜即鳥嘴，此處用為動詞，即以嘴啄食，知「噣」可假作「啄」，而有鳥嘴、鳥啄食二義，《爾雅・釋鳥》：「生哺，鷇，生噣，雛」，即《漢書・東方朔傳》注所謂：「凡鳥哺子而活者為鷇，生而自啄者曰雛」。《爾雅》《釋文》：「『噣』，一本作『啄』」，郝懿行《義疏》：「『噣』者，『啄』之假借」，《爾雅》意謂生而待哺乳者為鷇，即《說文》「鳥子」也，生而便能自啄者為雛，即《說文》「雞子」也，故知「噣」即「啄」之假借也，是皆噣、啄相通之例證。王力《同源字典》：「在最初之時，咮、噣、啄實同一詞」，因此而可互通。然則范氏：「噣，啄也」之說不誤。《太玄》：「三歲不噣」，謂三歲不食也，引申以喻時數俱失則沉默不言也。若謂三歲不口，則為不辭，然則范注得《玄》之意，而盧校所說無理。

測曰：耎哇不噣，時數失也。

范望曰：耎縮不言，故失時也。

陳本禮曰：數失者，時非可言之時，況事機已失，欲方言不及。

鄭維駒曰：得陰時，時失，得陰數，數失，數得而失時，不可也，數失而失時，愈不可也。故時在數先。《玄數》：命筮之辭云：休則逢陽，星時數辭從，咎則逢陰，星時數辭違，所謂辭者既贊測之辭耳。又《玄數》云：求星從牽牛始，除算盡，則是其日也。許翰注云：冬至日起牽牛一度，日運一度，而成一日，故除星度盡則得其日之所在何度也。維駒謂星與時數不外陰陽，而時數尤切而近，故先儒注釋從未及星，而揚子於此，特揭出時數，以為《玄》例。

次五：黃菌不誕，俟于慶雲。

范望曰：菌，不申之貌。家性耎退，謙以自牧，見居天位，德澤瀸洽，上應乎乾，故有慶雲之瑞也。

章詧曰：五居晝，處中屬土，故曰黃菌，芝之類也。由土而生，菌之性不舒布，其狀常若耎縮也。五，君子也。居耎之時，不舒其體，若黃菌之縮，退而非往，冀象有道之士功雖不顯，而中和內積以俟乎時，故天降之祥也，曰慶雲，天瑞之應也。天祥以時應，故測曰俟㐁耦耦于時也。

司馬光曰：二宋、陸本作救禍也，王本作俟㐁耦也，吳曰：㐁，古仇字。今從范本。逑，音仇。王曰：居中體正，為耎之主，而又得位當晝。黃菌謂靈芝也。誕，生也。靈芝未生，將待慶雲，同表嘉瑞，須待之義也。光謂：逑，匹也。芝不生者俟慶雲，士不進者俟明君，君明臣賢，相匹偶也。

林希逸曰：逑一作㐁，古仇字也，音㐁，匹耦也。黃菌，靈芝也。芝待慶雲而後生，需其類也。

葉子奇曰：黃，中色。菌，瑞芝也。誕，產也。慶雲，瑞雲也。五居耎縮之時，得中逢陽，如黃菌之不遽產，所以待其類之慶雲也。蓋黃菌必待慶雲而後出，賢臣必俟聖君而後興，是以上下交而德業成也。

焦袁熹曰：黃菌不誕，誕，舒張也。《詩》：何誕之節兮。黃菌宜慶雲覆之，故曰俟逑耦也。

陳本禮曰：黃菌，芝草也。慶雲，卿雲也。誕，生也。五居中而當晝，宜得嘉瑞，然在耎世，人主無德以堪之，故瑞草不生，卿雲不爛，一俟有道之世，聖人生而賢臣出，則休徵畢集，靈瑞駢臻，蓋有其德而有其應，未有無其德而有其應者。莽之銅符丹石金匱策書，紛紛獻瑞，是皆假托偽造，莽即據以為篡位之計，以罔誣天下，居之不疑，而天下亦莫有敢指其非者。逑耦之俟，蓋以醒其愚，並以刺諸獻頌者之欺天也。

鄭維駒曰：坎為雲，五為中德，故上有慶雲，而下有黃菌。黃菌之生，必俟慶雲者，天地相應，上下相需也。李石《廣博物志》云：青雲芝，青蓋三重，上有雲氣覆之，慶雲下有黃菌，義當如是。

鈴木由次郎曰：三月六日，晝，奎三度，驚蟄，土。黃菌，靈芝。人主無德，瑞草不生，以待瑞雲出現之世。

測曰：黃菌不誕，俟逑耦也。

范望曰：嘉慶之會，必相俟也。

次六：縮失時，或承之菑。

范望曰：六為宗廟，君之所奉，祭如神在，四〔中〕節不愆。家性耎縮，又不及時，故菑承也。

司馬光曰：菑與災同。王曰：地居過滿，而又失位遇夜，乖於處耎之宜，是縮而失時者也。光謂：君子進退消息，與時偕行。六過中而當夜，退縮後時，則災承之矣。

葉子奇曰：菑災同。六居中上，宜可進矣。以其陰柔，當進不進，是耎縮而失其時也。及其失時，復欲求進，則又或進之菑，兩俱有咎，而進退維谷之象。

陳本禮曰：水，夜。菑同災。六過中而當夜，是性本陰柔，而在耎世，不能亟早思退，及至禍災已臨，而始悔失時，事已晚矣。

鄭維駒曰：失陽明之時而需於坎險，六為水，屬坎，坎為菑。

鈴木由次郎曰：三月六日，夜，水。宜退之時不退，再退已失其時，則受其災。

測曰：縮失時，坐逋後也。

范望曰：後於時節，故乃災生也。

陳本禮曰：坐逋後之罪也。

鄭維駒曰：乾為先，坐逋後者，先時已過也。

文字校正：耎首次六測辭：「縮失時，坐逋後也」，「逋」字，范注、《集注》皆無說。按：「逋」於此處當訓為留止遲緩之義。《廣雅‧釋詁》四：「逋，遲也」，王念孫《廣雅疏證》：「郭璞注《南山經》引《記》曰：『條風至，出輕系，督逋留』，《淮南子‧天文訓》作『去稽留』，是『逋』為『遲』也。」此王氏《疏證》「逋」有遲義。一作逋留，一作稽留，是逋、稽二字義通之證。《說文》：「稽，留止也」，是逋亦有留止之義。逋之訓遲，或據此留止之義而來，逋訓遲緩留止，義亦與「坐」字相通。《說文》：「坐，止也」，止即留止之義，是逋、坐義通之證。坐逋遲留，故落後也，此亦與「縮失時」之辭意相應，益可證矣。退縮失時，遲留於後，故曰「承之災也」（贊辭）。

次七：詘其節，執其術，共所殉。

范望曰：七，木子也。屈節奉上，於道不違，故言執術。術，大道也。殉，盡也。（屈）節於道，執父之業，殉身而已也。

司馬光曰：詘與屈同。歾與沒同。王曰：能執其心，則為有主。光謂：七為禍始而當晝，君子屈身而伸道者也，故曰詘其節，執其術。君子外雖遜順，而內主正直，執是道也，與之共沒其身而不變者也。

葉子奇曰：歾音沒，義同。七居奭而逢陽，是能屈其節，而守其道，以身殉道而共所沒也。義與次三同。

陳本禮曰：火，晝。詘同屈。歾同沒。前云奭其郄，猶欲執其節以為世道人心，作中流之砥柱也。無如天下滔滔莫有回狂瀾於既倒者，大廈將傾，豈一木能支？故欲並其節而詘之。執其術者，欲著《玄》以傳後也。共所歾者則死生以之矣。然後始知子雲所以不死者，為《太玄》未就，故屈節守身以身殉道，欲使千百世後皆知吾著《玄》刺莽之意，雖不足以當一部漢史讀，然吾之心跡亦可以共白於天下後世矣。

鄭維駒曰：詘其節而不遽歾者，欲傳其學術於後世，而後與之同歸也。此與羨權正吉人不幸，其皆自道之詞乎。太史公《報任少卿書》云：所以隱忍苟活，幽於糞土之中而不辭者，恨私心有所未盡，鄙陋沒世而文采不表於後世也。子雲之意亦是云。

吳汝綸曰：此係子雲自況之詞，言所以屈節莽世，乃欲文章成名後世。

鈴木由次郎曰：三月七日，晝，奎四度，火。七當禍之始，屈其節而守身，執其術而傳世，直至歾身而不變。確固堅守，持之為主。

文字校正：奭首次七：「詘其節，執其術，共所歾」。《集注》：「『詘』與『屈』同，『歾』與『沒』同」。按：《說文》：「歾，終也，從歺，勿聲。湏，沉也。從水，從叟」。知「歾」、「湏」各為一字，而非一字異體，然則不可言同。歾，或作「殁」，後人以「殁」「湏」形近音同（大徐皆莫勃切），而混為一，實誤。范注：「歾，盡也」，即據《說文》：「歾，終也」之意而言，是范氏猶讀「歾」之原義而未誤也。叟，今寫作「殳」，亦非。「叟」與「殳」的篆體不同，隸定後亦為二字，不可混同。「詘」之與「屈」，亦同此例。《說文》言部：「詘，詰詘也，一曰屈襞，從言，出聲，誳，詘或從屈」，尾部：「屈，無尾也，從尾，出聲」，知「屈」與「詘」亦為二字，不可言同，後人以「詘」之異體與「屈」形音近似（大徐：「詘，區勿切，屈，九勿切」）而混同，久之，以「屈」代「詘」，「屈」之本義反湮沒不明也。

測曰：詘節共歾，內有主也。

范望曰：主謂父也，子繼父事，為家之主也。

陳本禮曰：內有主者，先生於死生去就之義，殆亦籌之熟矣。

鄭維駒曰：愛其術故愛其身，其意固有所主也。

次八：窾枯木丁，衝振其枝，小人有耎，三郄鉤羅。

范望曰：家性為耎縮，木而耎縮，故窾枯也。窾枯之木，而當衝風，故振也。八為疾瘀也，故稱小人，小人而耎，終於郄退，故鉤羅也。上則有金，金木相近，鉤羅之意也。

司馬光曰：王、小宋本振作扼，小宋本枝作柯，今從宋、陸、范本。范本卻作郄，今從諸家。（窾音款）

葉子奇曰：窾，止也。丁，當也。衝衝，風也。鉤羅，鉤致也。八居剝落之中，禍難之地，如窾止于枯木，其所芘既不得，其所復當衝風之振其枝，其所遇又不獲其安，是小人見君子在難而加侮，如此凡三次退郄而欲行，迺復鉤致不聽其行，此君子委身失所而不能脫之象也。

陳本禮曰：木，夜。窾，樹枯成孔也。丁，當，衝，動也。八以敗木而當衝風之振，力不能支小人，雄自謂有耎者，言既不能抗節於朝廷，又不獲潔身於草野，被其鉤羅羈縶，三卻不許，此誠難與命爭也，故曰有耎。

孫澍曰：窾，空也，枯也，丁，當也。衝振猶鼓舞之也。鉤，兵器似劍而曲，三卻，重卻也。鉤弗離于羅，羅而見卻，猶懦夫之鞭策不起也。玄意蓋言枯木枝柯，陽氣所不能發生，故琢不成用，小人見義不為，畏縮自安，故動而見侮。

鄭維駒曰：八為木陰虛，故窾而枯。窾，空也，《水經注》：屈縣有風山，上有穴如輪，風氣蕭瑟不止，當其衝所，略無生草。此丁衝即當其衝也。衝風振空枯之木，未有不拔者。小人遇世變，雖工於趨避，耎而三郄，然未有不在鉤羅中也。

鈴木由次郎曰：三月七日，夜，木。窾枯，木枯而有洞。窾，洞。衝，動，指風。丁，當。拘羅，拘留。枯而有洞之木，因風而其枝搖動。與此相同，小人柔弱而屢退，終被拘留。

文字校正：耎首次八贊辭各本多有異文，范注本作「窾枯木丁，衝振其枝，小人有耎，三郤鉤羅」，王涯本、小宋「振」作「扼」，小宋本「枝」作「柯」，《道藏》本無「丁」字，「衝」作「衛」，「郤」作「卻」，嘉慶本「窾」下為「疑」，「枝」作「技」，「郤」作「郤」，《備要》本「郤」作「郤」。按：此贊當作：

「窾枯木，丁衝振其枝，小人有奂，三卻鉤羅」。窾、枯一聲之轉，皆謂枯空也。「窾」下作「疑」者，乃形近之訛。丁，當也，范注：「窾枯之木，而當衝風」，可證。《集注》於「丁」字無校語，知與范本不異，則《道藏》本誤脫「丁」字也。衝，范氏謂衝風，衝指外力衝動枯木也，作「衛」則不辭，知為「衝」之形訛。振亦動義，謂受外力衝動而振動，作「扼」不辭。「枝」承木言，作「技」者乃「枝」之形訛。柯，干也，風衝振動枯木之枝，非謂干也，知當作「枝」。三卻謂三退也，承上「有奂」而言。「卻」乃「卻」之俗體，通「隙」，於此無義。《說文》：「卻，節欲也，從 卪，谷聲」。而從邑谷聲的郤，為晉大夫叔虎邑也，為地名之字，隸寫作「郤」，知「卻」與「郤」為二字。「卻」即「卻」，謂退。「郤」通「隙」，《集注》本作「卻」，是。范本作「郤」者，乃「卻」訛「郤」，又寫作「郤」之俗體「郤」。盧校：「『郤』，『卻』字之俗，退也」，亦混同「卻」與「郤」，其說非是。

測曰：窾木之振，小人見侮也。

　　范望曰：鉤羅於金，故見侮也。

　　陳本禮曰：此殆天祿閣被收之時。

上九：悔縮，往去來復。

　　范望曰：金在木行，動相剋害，故悔縮。金剛當進，故言往去。奂縮之家，故來復也。

　　司馬光曰：居物之上，陷於禍極，苟能悔而自縮，猶不失道也，故往則遂去不返，來則復得其所也。

　　葉子奇曰：縮極將伸，故悔其縮而往來自得也。欲往則去，欲來則復，豈不自得乎？

　　陳本禮曰：金，晝。

　　鄭維駒曰：去在往日，故悔，然一息尚存，猶可復也。

　　鈴木由次郎曰：三月八日，晝，奎五度，桃始華。金。上九位極，故後悔而退，往則終去而不返，來則後得名譽。此言得在後。

測曰：悔縮之復，得在後也。

　　范望曰：九為其終，故在後也。

　　陳本禮曰：得在後，謂得名在後世也。

傒

傒：陽氣有傒，可以進而進，物咸得其願。

范望曰：一方二州三部三家，天玄，陽家，九金，上上，亦象需卦。行屬於金，謂之傒者，驚蟄節也。傒俟皆待也。言陽氣待時而行，萬物須陽而長，各得其願，故謂傒。傒之初一，日入奎宿六度（胡次和曰：從邵以五度為正）。

司馬光曰：陰家，金，準需。陸曰：傒，待也。

鄭氏曰：傒舊胡啟切，俟也。按：字從彳，其從人，音奚。俟，范本作陽氣有傒，故注云傒俟皆待也，今作陽氣有傒，蓋誤。六度，注云傒之初一日入奎宿六度，聞之師曰：夷上九日入奎五度，傒初一猶躔奎五度，注言六度者誤也。

陳仁子曰：傒者陽可進而物相須也，夫《玄》象《易》之需有二首，而《易》之需亦有二義，有自須者，有人須者，故須五爻若須沙需郊需酒食，皆自需也，獨上六敬客之辭則人須也。故夷者陽交地八之陰，自反而須之，可進而不輕進也。傒者陽交天九之陽，相求而須之，可進而必進者也。九贊之中，曰傒昌、曰傒貞、曰傒後時，其進者我也，而所以進者人也。

葉子奇曰：傒，待也。言陽氣待時而進也。傒之初一，日入奎宿六度。

陳本禮曰：陰家，九，金，上上，卦準需。《傳》：傒，待也。陽氣待時而動，不先時而發，不後時而動，可以進而進，非見難而縮之時可比，《赤伏符》曰：四七之際火為主，方是應天順人之候，此時未際其會，故傒以待之。

孫澍曰：傒準需，有孚雲上於天，上天孚佑下民。

鈴木由次郎曰：第十八首，陰，九金，一方二州三部三家。傒，待。陽氣待時而動，可進則進，不先時而發，不後時而動。萬物受陽氣而生長，各得其願。

文字校正：傒首，范本、嘉慶本、《備要》本皆「傒」，《道藏》本作「傒」，范本《釋文》出「傒」字，按：「傒」字是。「傒」乃形訛。《說文》彳部：「傒，待也。從彳，奚聲」。傒首準《易·需卦》，《說文》：「需，須也」。《易·彖》上傳：「需，須也。須謂待也」。《易·彖》上傳又曰：「需有孚」，《正義》：「需者待也」，《莊子·大宗師》：「聶許聞之需役」，《釋文》引王注：「需，待也」。然則《太玄》此首亦當謂待，其字當作「傒」。陸績曰：「傒，待也」，范注：「傒、俟皆待也」，此亦可證《太玄》原文當作「傒」也。又，通觀此首文辭，

則益明其須待之義。字書無「徯」字，經籍中「徯」常訛作「徯」，《釋名·釋道》：「步所用道曰蹊，蹊，徯也，言射疾則用之，故還徯于正道也」。《孟子·梁惠王》下：「徯我后」，本又作「徯」，而趙注曰：「待也」，知本作「徯」者為「徯」之誤。《左》昭三十二年：「衛彪徯」，亦「徯」之訛。《太玄》「徯」訛「徯」，亦屬此類，通當改正之。

初一：冥賊徯天凶。

范望曰：冥，陰也。子在其母行火之上，火盛金衰，故陰。賊人者則天賊之，故言待天凶也。

章詧曰：一居夜，小人也，為水，故稱冥。當徯之時，而處金家，水為金之子，待父之廢，子得為用，蓋小人之道亦有所待，待本之廢，不仁之心起於冥暗之中，故曰冥賊，惡雖未形，天必降殃，故曰徯天凶也。測謂時無吉者，無有吉時也。

司馬光曰：一為思始而當夜，小人包藏禍賊之心，必受其殃。

葉子奇曰：冥，陰也。一在陰家陰位，是人有陰賊之行，豈不待天之凶乎？蓋天道禍淫，作不善則降之百殃也。

陳本禮曰：水，夜。一在金世而當夜，子盜母氣，陰行不善，而欲邀天之眷，豈可得乎？故直名之曰賊。凶者，天道福善禍淫，以彼逆倫篡賊，天且降之百殃，故曰凶。

鄭維駒曰：為惡恐人知，謂之冥賊，以是徼福，適以取凶而已，初陰為賊，故二陽為德。

鈴木由次郎曰：三月八日，夜，水。包藏暗中害人之心，必自天受其殃。

測曰：冥賊之徯，時無吉也。

范望曰：陰賊之人，無有吉時也。

鄭維駒曰：初自以為得數，而不知其失時也。

次二：冥德徯天昌。

范望曰：火盛金衰，家性為徯，動相須待，以害其本，不即炎起，故天昌之也。陰得陽報，此之謂也。

司馬光曰：小宋本昌將日作昌將有日，今從諸家。王曰：以德徯時，昌將不日而至。光謂：二為思中而當晝，君子積德於隱，而蒙福於顯，昌美之至，將無日也。

葉子奇曰：二當晝中而在俟時，是人有陰德之功，豈不待天之昌乎。蓋天道福善，作善則降之百祥也。

陳本禮曰：火，晝。

鄭維駒曰：為善恐人知，謂之冥德，以是俟命，故昌。

鈴木由次郎曰：三月九日，晝，奎六度，火。暗中積德，必自天受其福。

測曰：**冥德之俟，昌將日也。**

范望曰：謂昌日益大之也。

陳本禮曰：特以德賊二字並列，見天道報施不爽。

次三：**俟後時。**

范望曰：木在金行，恐見克害，故俟後時也。亦為進人，進德修業，宜當及時，須待之家，動則稽退，故言後也。

司馬光曰：王本作俟而後時，今從諸家。解與懈同。三為思終，不得其中而當夜，懈慢後時者也。

葉子奇曰：三雖為進人，然逢陰暗，不能前進，是俟而後其時者也，果何及哉。

陳本禮曰：木，夜。

鈴木由次郎曰：三月九日，夜，木。怠惰空待，則後於時。

測曰：**俟而後之，解也。**

范望曰：宜進不進，故解怠也。

葉子奇曰：解，怠也。後時由其怠也。此又言其故。

次四：**詘其角，直其足，維以俟穀。**

范望曰：金性剛直，故以角諭，言屈刺害之角，直足而行，唯善是務，故言俟穀。穀，善也。

司馬光曰：伎，音實。刺，郎達切。四為角，為下祿而當晝。穀，祿也。伎與忮同，很也。刺，戾也。屈其角，不與物校也。直其足，行不失正也。不為很戾而可以待福祿也。故曰維以俟穀。

林希逸曰：伎與忮同，音至。刺，郎達切，刺，狼戾也。詘角，不觸物也。直足，行以正也。以此待祿，必可得也。穀，祿也。

葉子奇曰：穀，祿也。四當俟時，未遽得達，故雖屈其用而未能伸，但知

直其足以行其道，謂夷明養晦，守道俟時，初無求進之心，惟務脩其在己，以俟夫天祿之自至耳。

　　陳本禮曰：金，晝。穀，祿也。此刺當時言官之竊位食祿者，詘其角不觸人也。直其足，駕轅不肯走也。維以俟穀者，尸位素餐也。

　　鄭維駒曰：需互兌為羊，故稱角。金類，亦為角。角柔故詘。《易》大壯互兌，稱羸角，柔不忤世，剛以持己，時不可穀，維以俟穀而已。

　　鈴木由次郎曰：三月十日，晝，奎七度，金。穀，祿。屈其角（喻不與人爭），直其足（喻行不失正），以待福祿。

測曰：屈角直足，不伎刺也。

　　范望曰：角而〔反〕屈，屈故刺害之也。

　　葉子奇曰：不以伎術而求。刺，入。

　　陳本禮曰：伎音忮。刺，郎達切。伎刺，觸也。不伎刺，不肯觸人也。

　　文字校正：傒首次四測辭：「屈角直足，不伎刺也」。范本、嘉慶本皆作「屈」，《道藏》本作「詘」。按：當作「詘」。各本贊辭：「詘其角，直其足」，皆作「詘」。測辭「詘角直足」，乃贊辭之省括，則字不當異於贊辭，亦當作「詘」。夬首次七：「詘其節」，用「詘」不用「屈」，知楊雄通用「詘」而不用「屈」也。盧校：「作『屈』異前，非」。其說是。「不伎刺」，范注：「言屈刺害之角」。又曰：「角而屈屈，故刺害之也」。是讀刺為直傷也之刺。《集注》：「刺，郎達切，戾也」。是讀為從束從刀之「剌」，與「刺」為二字。按：當從范氏作「刺」，刺古為清母錫部字。傒首次三測辭：「傒而後之解也」，解讀為懈，乃匣母支部字。支與錫對轉可通，是「刺」與「解」為韻。剌為來母月部字，月、支不可通，知當作「刺」，《集注》誤。「伎」當讀作「忮」，《說文》：「忮，恨也」。《詩·雄雉》：「不忮不求」，毛《傳》：「忮，害也」。《詩·瞻仰》：「鞫人忮忒」，毛《傳》：「忮，害也」，范本《釋文》：「伎，害也，恨也」。《說文》：「刺，君殺大夫曰刺，刺，直傷也」。忮刺言恨惡而傷害，義正相近可通，故《太玄》以「忮刺」連文，此亦可證當作「刺」也。次四：「詘其角，直其足，維以俟穀」，注：「穀，善也」，此說非。《集注》：「穀，祿也」，此說是。四為下祿，五為中祿，六為上祿，四在下，故需詘角直足，以求進而上達於中祿、上祿也。次六曰：「傒福貞貞」，「傒穀」「傒福」，其意一也，可為證。

次五：大爵集于宮庸，小人庫傒空。

范望曰：土稱宮庸，處天之位，高德所歸，如大爵之集高牆也。小人諭無德之人，非祿所秩，必譏素餐，故傒空也。

章詧曰：五為宮墉，謂五之所處也。大爵喻臣佐也。五為君位，蓋以祿待臣也。臣乃聚於國也。得於賢者則得傒之實也，得乎小人，失傒之實，故曰傒空。小人之性無德以當祿，故曰庫。庫猶卑宮也。卑宮之人何可享祿爵，故測謂不可空得也。今五為夜，故其辭當言小人。

司馬光曰：五為宮、為宅，小人而逢盛福，如大爵集于宮庸。爵集于倉，可以得食，集于宮庸，何所待也。小人德庫而位高之象也。

鄭氏曰：庸讀作墉，古字省。庫音婢，庫與崇對，高之曰崇，卑之曰庫。

葉子奇曰：庸，墉，通，牆也。五當君位，在祿之中，宜其爵祿之集于尊位，猶大爵之集于高庸也。然其在陰家之陰。質性卑下。是小人以庫下而欲傒夫高爵。既無其德。宜其空無值也，蓋大爵必待高庸而後集，厚祿必待大人而後崇，又豈庫汙在下者所能冀望哉？

陳本禮曰：庸通墉。大爵，隼也。墉，牆也。解之上六曰：公用射隼於高墉之上，獲之無不利。《易》之稱公者，謂在天位之大人也。五居陰中之陰，是以庫下無德之小人而欲妄傒宮牆之大爵，宜其空無所得也。

鄭維駒曰：坎為宮，互離為鳥為墉，《玄數》五亦為宮。大爵者，喻大，大君，爵位也。小人庫傒，欲以闇干也，無德而干天位，不得空，即得亦空也。

鈴木由次郎曰：三月十日，夜，土。爵，鳥雀。大鳥集於宮牆上，小人身份低，不能空得。

測曰：宮庸之爵，不可空得也。

范望曰：以德致祿，不可妄受之也。

次六：傒福貞貞，食于金。

范望曰：貞，正也。六為宗廟，神人玉食，故言食于金。六亦為水，金之所生，子順母事，故正也。子之初生須母養，故曰食金也。

司馬光曰：金者堅剛之物，六為上福而當晝，傒之盛者也。正以待福，雖金可食，況其餘乎。正可服者，可以服行以待福也。

葉子奇曰：食金，言玉食也。六居福隆之地，又且當陽，是傒福能以正正之道，則其所食寧無珍貴乎。

陳本禮曰：水，晝。六在金世而當晝，金性堅剛，能庇其子，水性順軌，能事其母，金水各得其正，故曰貞貞也。子之初生，還食母氣，故曰食於金也。

孫瀬曰：金，貴重華美所以賚福，凡輕暖肥甘，非金弗致，漢尚方輒賜臣下黃金是也。食如何曾之曰食萬錢，注謂金可食，於理似謬。

鄭維駒曰：《易》中言金者多稱貞，如金矢曰艱貞，黃金曰貞厲，金鉉曰利貞，黃矢曰貞吉是也。乾為金，有粹精之德，而後可食祿，故云食於金，兌口食象。

鈴木由次郎曰：次六當福之上，待之盛者也。次六為水，侯首為金，金水各得其正，故曰貞貞。貞，正也。食于金，五行金生水，次六為水，有子之象，養于侯首之母。故曰食于金。待福而正。次六性為水，侯首性為金，五行相生，金生水，故侯首為母，次六為子。次六之子，養于侯首之母，正宜服從。

測曰：侯福貞貞，正可服也。

范望曰：待福以正，可服者也。

陳本禮曰：六居福盛之地，子之壯盛，乳之力也。故曰正可服也。

次七：侯禍介介，凶人之郵。

范望曰：郵謂郵亭舍也。七為火，盛則鑠金，故稱凶人。而待於禍，在七之位，故謂之舍。介介，有害也。

章詧曰：七居夜，小人也。為禍初，處侯之世，介介然侯福以為助，以火克金，害其本也。其志為惡，故曰凶人。凶人不能久居其位，故曰郵。郵即今傳舍。介猶助也，故測曰與禍期。言侯禍為凶，則禍其立至也。

司馬光曰：介介，僻邪之貌。郵，過也。七為禍始而當夜，故有是理〔象〕。

林希逸曰：介介，邪僻之貌。侯福侯禍，即積善積惡餘殃餘慶之意。

葉子奇曰：介介，狷潔刻覈之至也。七居禍初，在陰當亂世，而不能包含沈晦，顧迺狷潔刻覈，分別善惡，獨為太至，無迺為凶人駕禍之傳道哉。

陳本禮曰：火，夜。七在禍初當夜，火盛爍金，以下犯上，以臣賊君，故曰凶人。獸之無偶曰介，七既孤立無偶，乃介然與物為忤，其招禍之亟，速於置郵而傳命也。

鄭維駒曰：七禍始，介介猶耿耿。《後漢·馬援傳》：介介獨惡是耳。貞之者內守，介介者外求，與禍期而禍至，此不得歸咎他人也。乃凶人之自取郵耳。

鈴木由次郎曰：三月十一日，夜，火。介，獨，介介，獨而無對手。郵，驛。馬遞曰置，步遞曰郵。古代形容最快，曰「傳命置郵」。孤立而逆物，禍將來，其來速於置郵。

文字校正：傒首次七：「傒禍介介，凶人之郵」，范注：「介介，有害也」。《集注》：「介介，僻邪之貌」。按：二注不確。「介」當讀為「价」，謂憂也，懼也。《說文》：「价，憂也」。《廣雅·釋詁》一：「价，憂也」。《釋詁》二：「价，懼也」。介介，狀待禍時之憂懼貌。若依范注有害、《集注》僻邪之說，則與待禍之意不合，可知其非是。「凶人之郵」，范注：「郵謂郵亭舍也」。《集注》：「郵，過也」，盧校：「『郵』與『尤』同，訓郵亭舍非」。此說是。按：范注無理。待禍、凶人，與郵亭舍何涉？《集注》是，「郵」之本義謂境上行人之舍（《說文》），郵與尤聲近可通，故可訓過。《左》哀二年傳：「郵良」，《文選·盧諶贈劉琨詩》作「尤良」，注：「『尤』與『郵』同，古字通」。《禮記·郊特牲》：「郵表畷」，《釋文》：「『郵』本作『尤』字」。《呂覽·樂成》：「投之無郵」，高注：「『郵』字與『尤』同」，《漢書·成帝紀》：「以顯朕郵」，《敘傳》：「正諫舉郵」，注皆曰：「『郵』與『尤』同，謂過也」。是皆「郵」通「尤」訓過之證。然尤之訓過，亦為假字。《說文》：「尤，異也」。謂特異也，故尤又訓甚。尤之訓過，乃「訧」字之假，《說文》：「訧，辠也，從言，尤聲，《周書》曰：『報以庶訧』」，《廣雅·釋詁》三：「訧，辠也，惡也」。知「訧」為本字也。訧、尤、郵，古音近，故可通假。《書·呂刑》：「報以庶尤」，《說文》引作「訧」。《詩·載馳》：「許人尤之」，《釋文》：「『尤』，本亦作『訧』」，是皆訧、尤互通之例。《太玄》此「郵」，蓋讀為「訧」也。傒次八測辭：「禍不禍，非厥訧也」。正承次七「凶人之郵」而言，可為證也。次七贊意謂七為禍始，禍將至，故憂懼也，禍之所來，凶人之罪過也。

測曰：傒禍介介，與禍期也。

范望曰：介介之禍，應期至也。

次八：不禍禍，傒天活我。

范望曰：三八木也，三興於春，八衰於秋，近比於九，秋氣將降，故言不禍禍也。傒性為待，內省無瑕，時節宜耳，故須〔傒〕天活。到春蕃生，如其所望，故言天活我也。

司馬光曰：王本活作治，今從諸家。訧，音尤，罪也。八為禍中而當晝，

君子非罪而逢禍者也。儻審己之道，不以禍為禍，天道福善，必將生我也。《易》曰：困而不失其所，亨。

林希逸曰：無取禍之尤，而不幸得禍，少待其定，天必活我。訧與尤同，即雖在縲絏而非其罪之意。

葉子奇曰：八以剛陽，初無致禍之道而得禍，是陷于非辜也。然罪非己致，冤久必明，惟待夫天之生我而已。蓋脩身俟死，無求苟免之心也。

陳本禮曰：木，晝。木盛於春而衰於秋，今乃下被火災，上為金克，是禍由天作也。天降我災，人力難挽，必待青陽開動，仍俟天之活我也。語云：天作孽，猶可活，此之謂也。

俞樾曰：不禍禍，俟天活我。樾謹按：測曰：禍不禍非厥訧也。疑贊辭亦當作禍不禍，范注曰：近比於九，秋氣將降，禍不為禍，正釋禍不禍之義，是范氏作注時經文未倒也，下云故言不禍禍，則後人據已倒之經文而改之。

鄭維駒曰：乾為天為生，故天活我。

鈴木由次郎曰：三月十二日，晝，奎九度，木。遭禍然非因我之過，靜待天道開動而活我。

文字校正：傒首次八贊辭：「不禍禍，俟天活我」。司馬光《集注》：「不以禍為禍」，知其讀作「不禍禍」也。范望《解贊》：「故言不禍禍也」，亦以「不禍禍」為讀。此二讀誤。「不禍禍」當作「禍不禍」，「禍不」二字誤倒。范注、《集注》皆誤從誤本讀之，未得《太玄》原義。其測辭曰：「禍不禍」者，正引贊辭之語，可證當作「禍不禍」也。以文意言之，「禍不禍」蓋謂八身處禍中而不受其禍之害也。傒首次八為陰首陰贊，時當晝，其辭當休。「禍不禍」者，禍而不禍之謂也。所以禍而不禍者，「俟天活我」也。測辭：「禍不禍，非厥訧也」，言身無罪過，上天活之，故能處禍之中而不受其害也。「禍不禍」一語，正與「俟天活我」、「非厥訧也」二句文意貫通，此亦可證當作「禍不禍」也。若作「不禍禍」，謂不以禍為禍，是不畏禍害也，泰然處之，不以禍害為意，然則何須「俟天活我」哉？且與「非厥訧也」何涉？可知其非是也。范望《解贊》：「天時使然，故非其過也」，此謂「天時禍之」，亦與「俟天活我」抵牾。「禍不禍」者，上承次七「傒禍」而言。次七「傒禍」，謂禍尚未至，次八「禍而不禍」，是禍已至矣。若作「不禍禍」，則無此意，亦與次七之意不相承應。復以文例言之。「禍不禍」者，與《太玄》其他各首中類似句例相同，如「黃不黃」（中首）、「貧不貧」（少首）、「女不女」（戾首）、「爭不爭」（爭首）、

「更不更」（更首）、「決不決」（斷首）、「厚不厚」（親首）、「大不大」（大首）、「干不干」（度首）、「穀不穀」（昆首）、「言不言」（飾首）、「窮不窮」（窮首）等，乃《太玄》行文常用文型之一。若作「不禍禍」，亦與《太玄》此例不合。以上皆證當作「禍不禍」，始合《太玄》原文原意。

測曰：禍不禍，非厥訧也。

　　范望曰：天時使然，故非其過也。

　　葉子奇曰：訧，罪也。

　　陳本禮曰：內省無瑕，故曰非厥訧也。

　　鄭維駒曰：自作孽，不可活，非厥訧，故俟天活也。

上九：俟尪尪，天撲之額。

　　范望曰：行不正稱尪，額，頭也。九為之終，行不正之道，（以）待天禍（故）撲之也。

　　司馬光曰：撲，普卜切。王曰：尪者，疾病，仰向天也。光謂：撲，擊也。額，額也。小人不慎其初，陷於禍極，乃始尪尪然俟天之救己，天且益降之禍矣，故曰天撲之額。

　　鄭氏曰：尪，烏光切，《說文》：尪，曲脛也，注言行不正者此也。撲，普木切，擊也。字從手。

　　林希逸曰：尪者，病人仰而向天。額，額也。言惡人為天所棄，何所仰望，亦徒俟也。

　　葉子奇曰：尪尪，言尪羸之極，尪而又尪，行憊不正貌。九居禍極，俟行病憊，將何堪哉。其凶有滅額而已，果何望哉？撲額，即《易》之滅頂。

　　陳本禮曰：金，夜。尪尪，疾病羸弱仰面向天而哀也。凶人罪惡滔天，而不知戒，及陷於禍極，乃始尪尪然俟天之活我，天且益撲其額矣。

　　鄭維駒曰：尪，《說文》云：跛曲脛也。《檀弓》下鄭注：尪者面鄉天，覬天哀而雨之，然則尪尪之人與直其足者，正相反，不能自可禱乎哉。九為額。

　　鈴木由次郎曰：三月十二日，夜，金。尪尪，因病仰天而悲。額，額。撲，擊。上九為禍之極，仰天而悲，待天救我，然天擊我額，又加降禍。

測曰：俟尪之撲，終不可治也。

　　范望曰：惡至禍應，故不治療也。

陳本禮曰：撲同踣，斃也。天斃其頯焉，能治耶。自羨首起，至傒首止，為天玄次九之九首，終。陰起陰終。

從

䷐ 從：陽躍于淵于澤，于田于嶽，物企其足。

范望曰：一方三州一部一家，天玄，陽家，一水，下下，象隨卦。行屬于水，謂之從者，言陽氣徧接此四處，萬物莫不企足，欲長而從之，故謂之從。從之初一，日入奎宿十度。

司馬光曰：陽家，水，準隨。宋曰：陽氣踴躍，在淵澤田嶽者，謂其高下備矣，萬物亦企其足而隨之。

陳仁子曰：從者陽氣隨物而施也，陽微則不能生物，而愧於弱，陽壯或不能成物，而失於亢，君子之道不但欲人從己，亦欲己從人。物各賦物，各正性命，天所以善隨也。聞義而從，見善而改，人所以善隨也。故《易》之隨，陽自陰中而起，陰隨陽動，陰迎陽而說陽隨陰，而《玄》於四陽之會，又見天一之陽，陽幾盛而亢矣，《玄》亦象隨而為從。初之月隨，二之朋從，以至上九之徽徽，皆無物不物而善從者也。飛者從其飛，潛者從其潛，動植者從其動植，夫何畏乎亢？

鄭氏曰：從，師說：中一，智也，從三，仁也，睟五，信也，減七，禮也，成九，義也。智之用在中，仁之用在從，信之用在睟，禮之用在減，義之用在成。中之有廓，從之有沈，減之有羨，成之有更，皆所以佐之，而睟則獨全其美者也。《玄》之九指大概如此，而范氏注不能明也。故附著之。

葉子奇曰：企足，言從之也。淵澤田嶽，言在下而漸進于高也。從之初一，日入奎宿十度。

陳本禮曰：陽家，一，水，下下，卦準隨。《傳》：從，隨也。此時陽氣傒時，有機可乘，故踴躍自奮，由淵而進於澤於田，高與嶽齊，物不能及，故皆舉其踵而望之，各欲從之，以急赴功名之會也。

孫澍曰：從準隨，《太玄》以智崇履卑。

鄭維駒曰：乾四震爻稱淵，此言淵者，指內震主爻言也。兌為澤，互巽木類為田，互艮為嶽，震為足，動而相隨，故物企之也。

鈴木由次郎曰：第十九首，陽，一水，一方三州一部一家。企同跂，舉足

而望。陽氣如今乘時躍而出淵，進於澤，進於田，進於嶽。萬物舉踵而望之，欲從之而活動。

初一：日幽嬪之，月冥隨之，基。

范望曰：日，君象也。嬪，羈嬪也。日〔月〕，臣象也。一在水行，水中之日，若在大難，未發其明，月而從之，若旦之日，日在月前，故言隨之。君臣道正，故為基也。

司馬光曰：嬪，婦也。基，始也。一為思始，故曰幽冥。月始過朔，潛隨日行，若婦之從夫。人君有為，始發慮於心，而同德之臣已從而應之，不謀而叶也。

林希逸曰：日於幽隱之時而求其婦，月於冥晦之時而隨從之，言合朔之始也。基，始也。言君臣相得於隱微之中，即遇主於巷之意。

葉子奇曰：一為從初，故言從道之本。從隨之道，莫大乎月之隨日也。蓋月之幽則配乎月，月之冥則隨乎日。日月之隨，亙萬古而不變，豈非隨之本乎。

陳本禮曰：水，夜。朔日交子而與月合，故曰嬪。隨者，月過朔而潛從日行，故曰隨。陰陽交會，萬物托始，故曰基。幽冥者，日月在天窈冥相隨，亦若婦之從夫也。

鄭維駒曰：日出震方，月見兌方，震又納庚，震初辰在子，日猶未出，是嬪月於幽也。子時月不見於庚，是隨日於冥矣。有形之隨，肇於無形，故曰基。一水在水行，故言月。時陽故隨日。

鈴木由次郎曰：三月十三日，晝，奎十度，倉庚鳴，水。嬪，婦。基，始。日在天，幽暗之時與月相會，以月為婦。月於冥冥之時隨日而行。陰陽日月交會，萬物托始。夫為始，婦隨而應之。

文字校正：從首初一：「日幽嬪之，月冥隨之，基」。范注：「嬪，羈嬪也」。《集注》：「嬪，婦也」。按：二注非是。「嬪」當讀作「儐」，《說文》：「儐，導也」。《周禮·大宗伯》：「王命諸侯則儐」，鄭注：「儐，進之也」。然則儐謂導進也。嬪、儐皆從賓聲，故可通。儐又與賓通，《太玄·玄數》：「應鐘生蕤賓」，范注：「賓，道也」。「賓」即「儐」之假借，「道」即「導」之假借。《書·堯典》：「寅賓出日」，孔《傳》：「賓，導也」，是即「儐」之假借。「嬪」之通「儐」，猶「賓」之通「儐」也，皆以聲貫義。儐導之義正與隨從之義相應，知《太玄》以「儐之」、「隨之」對文也。若依范注、《集注》，則上下二句文意無涉矣。基者，范注：「君臣道正，故為基也」。又曰：「君臣相應，道之基也」。知解

「基」為根基之基。《集注》:「基,始也」。按:二說皆非。「基」當讀作「期」(通「朞」),基、朞、期皆從其聲,故可通。《儀禮・士喪禮》:「度茲幽宅兆基」,鄭注:「古文『基』作『期』。」《後漢書・郎顗傳》:「于詩三基」,李注:「『基』讀作『朞』」。《儀禮・士虞禮記》:「朞而小祥」,鄭注:「古文『朞』皆作『基』」,《易・繫辭》上:「當期之日」,《釋文》:「『期』,本作『朞』」。《周禮・質人》:「邦國基」,《釋文》:「本或作『朞』」,《漢靈台碑》:「基年」,《楊著碑》:「未基」,《劉曜碑》:「基月」,《嚴舉碑》:「示尤基」,「朞」皆作「基」。《左》昭二十三年傳:「叔孫旦而立期焉」,《釋文》:「本又作『朞』」,古籍中例證甚多,可證基、朞、期皆可互通。期謂年也,即《書・堯典》:「朞三百有六旬有六日」也,孔《傳》:「匝四時曰朞」,《漢書・律曆志》上:「當期之日」,顏注:「期謂十二月為一期也」。《太玄》此贊,言「日幽嬪之,月冥隨之」,基者,謂日月運行以成一年四時十二月之數也,故其測辭曰:「日嬪月隨,以應基也」,謂日月運行以應乎期年也。若依范注、《集注》則與「日嬪月隨」之意不合。

測曰:日冥月隨,臣應基也。

范望曰:君臣相應,道之基也。

葉子奇曰:以人道言,臣之隨君亦猶是也。

陳本禮曰:夫婦之道,即君臣之義也。

鄭維駒曰:月隨日,妻道也,即臣道也。幽者向明之基,萬物未睹而應之,此王者布衣之交也。

吳汝綸曰:臣當為目。

文字校正:從首初一測辭:「日嬪月隨,臣應基也」。范注:「君臣相應,道之基也」。《集注》:「同德之臣,己從而應之」。吳汝綸曰:「『臣』當為『目』。」按:二注非,吳說是。「臣」乃「目」之訛,「基」讀為「期」,詳見上條。「臣應期」,不辭。「應期」,乃承日月之行言,與臣無涉,知非作「臣」。「目」,古「以」字,《漢書》以字多作「目」,可證。「日嬪月隨」,言日月運行之有期也,故曰「目應期也」。臣、目形近易訛,范氏不辨而解釋誤。

次二:方出旭旭,朋從爾醜。

范望曰:二,陰也。在離為日,陰中之日,故方代也。旭旭,未明之間。醜,類也。日方出旭旭之時,群類莫不望之而從,故曰朋從爾醜也。

司馬光曰：旭旭，日初出之貌。醜，類也。二為思中而當夜，小人之心雜，將形於外，如日之方出旭旭然，反復思慮，未知所之，之善則善朋從之，之惡則惡朋從之，故曰朋從爾醜。

葉子奇曰：旭旭，始旦也。二在陽家之陰，如日方旦而出。事為繁興，則人莫不求其類而親之，蓋方以類聚，物以群分也。

陳本禮曰：火，夜。旭，旦也。離為火象日，家性屬水，日出海上，光華照耀，如龍之躍於淵也。朋，群龍也。群龍見日亦欲從之而躍也。爾醜者，二乃陽家之陰，雜類也。不能離乎淵，而上於天，故曰醜。

鄭維駒曰：二為火，火生寅，日方出之時也。兌為月，日出震方而陰類相從，朋非其類矣。所從者爾之醜耳。坤西南得朋，指震一陽兌二陽言也。隨內震外兌，故初言月，二四言朋。

鈴木由次郎曰：三月十三日，夜，火。旭旭，日始升貌。醜，類，同類。二為陰，其心雜，欲如日始升有光輝，而顯現於外。若善則善友從之，若惡則惡友從之。反復思慮，所行方向不能定。

測曰：方出朋從，不知所之也。

范望曰：日之光明，無常所也。

陳本禮曰：方出，始出也。始出朋從，然未知龍之所行無定，或躍而在淵在澤，或飛而在田在嶽，朋固不得而知其所之也。

鄭維駒曰：日出，陽也，而從於陰，故不知所之。

次三：人不攻之，自牽從之。

范望曰：木性上升，君子之道，有過則改，不待攻治，而自申率，相牽為善，故言從之也。

司馬光曰：三為思終，又為進人而當晝，君子率性自從於善，不待攻治也。證當作正。

葉子奇曰：攻，擊也。三以陽明之資，宜為眾所歸從，則人孰肯而攻之哉。心悅誠服，莫不皆出，牽連而從之也。

陳本禮曰：木，晝。《洪範》：五行木曰曲直，曲者中矩，直者中繩，乃木之本性，不待人攻而自成者也。自牽從之者，人之攻木置器，猶恐不直，故用繩牽之以取其直，是人自牽而從之也。

鄭維駒曰：不假攻錯而自從於善，非拘繫於人而自牽於己者也，互艮手，故牽。

鈴木由次郎曰：三月十四日，晝，奎十一度，木。君子不待人攻己以正之，主動攻己以改過，以引於善。

測曰：人不攻之，自然證也。

范望曰：牽從於善，證，則〔明〕也。

文字校正：從首次三測辭：「人不攻之，自然證也」。范注：「證，則也」。《集注》：「證」當作「正」。按：「證」，古屬章母蒸部字，「正」，章母耕部，二字聲同而韻為同類旁轉（韻之通轉，據王力《同源字典》說），古音相近，故可通假，此乃假「證」為「正」也，不煩改字。贊辭：「人不攻之，自牽從之」。《集注》：「君子率性自從於善，不待攻治也」。其說是。察贊辭測辭之意，是當讀作「正」也，謂能不須外力矯正之也。范訓則，於文意有礙。《集注》曰：「當作『正』」，亦非，原文作「證」，非作「正」也。次四測辭：「鳴從之亡，奚足朋也」。朋為蒸部字，正與「證」協韻，若作「正」，則稍嫌不協，此可證原文非作「正」而作「證」。

次四：鳴從不臧，有女承其血匡，亡。

范望曰：四，酉也，為雞，故稱鳴。臧，善也。其位陰廢，故鳴不善也。陰故稱女，亦稱血，血，憂也。匡所以盛也。女不親祥〔許〕，承憂自盛，故亡也。

司馬光曰：王本朋作明，今從諸家。匡與筐同。君子修德，而人自從之，鳴而求從，不足善也。施之夫婦則喪配耦，而不復獲所求矣。《易》曰：女承筐，無實。士刲羊，無血。無攸利。

林希逸曰：鳴從，巧言以求合也。雖得其從，終不善也。

葉子奇曰：匡筐同。四為夜陰，其質弱矣，是無德而求從于人，人莫之親，不勝其欲，乃鳴呼而冀人之與己，其不善可知矣。筐所以乘血，今女欲承其血而亡其筐，是失其所以承之之道也。既失其所以承之道，其呼鳴以求從，豈復有善乎。

陳本禮曰：金，夜。筐。歸妹之上六曰，女承筐，無實，士刲羊，無血。四為夜陰，士必立品修德，而人自從，鳴而求從，品不臧矣。女之從人，亦必筐筐能實，而後可以奉祭祀也。今女欲承士刲羊之血而無筐，是士女皆不得其正，豈足以成從之道也。

鄭維駒曰：震為鼓鳴象，為竹匡象，陰交為血，士以陽求陰，則刲羊無血

而不利，女以陰從陽，則承匡有血而不臧。一陽衰，陰不應之，一陰盛，陽不與之也。隨與歸妹上下易，故亦有血匡之象。

鈴木由次郎曰：三月十四日，夜，金。匡同筐，盛物之器。《周易》歸妹上六：「女承筐，無實，士刲羊，無血。無攸利」。有一夫於此，徒自鳴以求人從己，此不善。有一婦於此，其夫割羊，婦不持筐以受其血。不能稱為好配偶。

測曰：鳴從之亡，奚足朋也。

范望曰：承匡之女，不足為朋黨也。

陳本禮曰：鳴從亡筐，奚足以為匹偶也。

次五：從水之科，滿。

范望曰：科，法也。水之法，不滿不行。五為天子，動以法度，如水平也。

司馬光曰：王曰：水之從下，自然之理。五既得位當晝，為從之主。物之從者，如水之從科。科者坎也，滿科而已，不復過越，得中之道。

葉子奇曰：科，坎也。居中當陽，得從之善者也。然水必盈科而後進，君子必擇德而後從也。

焦袁熹曰：從水滿科，科，坎也。《孟子》曰：盈科而後進，不盈科不行，故曰不自越也。科者五所為，從言順從之。

陳本禮曰：土，晝。科，坎也。滿，盈也。《孟子》：流水之為物也，不盈科不行，君子之志於道也，不成章不達。又曰：源泉混混，不舍晝夜，盈科而後進，放乎四海，有本者如是，是之取爾。

鄭維駒曰：五為土，君也，而從於水，盈科而有節，則水不過溢，土不過峻，以後從臣而天下從之矣。

鈴木由次郎曰：三月十五日，晝，奎十二度，土。科，穴。《孟子·離婁》上：原泉混混，不舍晝夜，盈科而後進，放乎四海。水流前行，徐徐注滿科穴，而後前進。不能急迫而進。

文字校正：從首次五：「從水之科，滿」。范注：「科，法也」。《集注》：「科者坎也」。按：《集注》是，當訓坎。焦袁熹曰：「《孟子》曰：『盈科後進』，不盈科不行，故曰不自越也」。焦說是。測辭：「從水滿科，不自越也」。所謂滿科即《孟子》盈科。《孟子·盡心》上：「不盈科不行」，趙注：「科，坎也」。《離婁》下：「盈科而後進」，趙注：「科，坎」。《廣雅·釋水》：「科，坑也」。坑即坎。《易·說卦傳》：「為科上槁」，《釋文》：「科，空也」。《廣雅·釋詁》

三：「科，空也」。坑、坎，即地之空穴也。科訓坎、坑、空者，正是一聲之轉，是皆科、坎相通之證。范注訓科為法，實不如《集注》訓科為坎為善。

測曰：從水滿科，不自越也。

范望曰：動以法度，故從科者也。

葉子奇曰：越，過也。

陳本禮曰：德必修而後成，學必積而後進，五居中當陽，得從之善者也。《法言》曰：或問進。曰：水。或曰：為不舍晝夜歟。曰：有是哉。滿而後漸者，其水乎。

次六：從其目，失其腹。

范望曰：目以諭外，腹以諭內，事不兩得，從外失內，非所以敦仁也。

司馬光曰：王曰：從其耳目之好，失其心腹之安，大從其欲，亡之道也。光謂：六過中而當夜，徇外欲而亡其內德者也。

葉子奇曰：六已過中，是人之過于從人者也。目以喻外，腹以喻內，大抵小人重外輕內，忘己徇人，是以急于外之從，而不悟其己之失也，可不戒哉。

陳本禮曰：水，夜。

鄭維駒曰：火為目，土為腹，六從上之目，而失五之腹，則目炫於外，中無主而不知所從，且將無所不從也。

鈴木由次郎曰：三月十五日，夜，水。小人重外而從耳目之好，輕內而失心腹之安。只從其欲望而行。

測曰：從目失腹，欲丕從也。

范望曰：外內宜備，故欲大從也。

葉子奇曰：丕，大也。

文字校正：從首次六測辭：「從目失腹，欲丕從也」。吳汝綸曰：「『丕』當為『不』」。吳說非是。「丕」字不誤。范注：「欲大從也」，是，〈說文〉：「丕，大也」。范注訓丕為大，知范即作「丕」也，《集注》無校，知各本無異文。然則吳說無據。王涯曰：「從其耳目之好，失其心腹之安，大從其欲，亡之道也」。其說是。《太玄》「從其目，失其腹」者，乃其欲望過分放縱之故也。從首次六，依《玄》例辭當咎，「欲丕從」，意為咎，若作「欲不從」，則為休辭，不合《玄》例，且與「從其目，失其腹」（贊辭）之意不合，可知吳說非是。

次七：拂其惡，從其淑，雄黃食肉。

范望曰：拂，去也。淑，善也。七為失志，失志行張，故宜除去。如雄黃之除惡害也。

司馬光曰：小宋本雄作䧺，音雄，今從諸家。七為禍始而當晝，君子去惡從善，如雄黃能去惡肉生善肉也，故曰救凶也。

林希逸曰：言去惡從善，猶藥用雄黃，可去惡肉而生新肉也。拂，除也。

葉子奇曰：拂，去也。淑，善也。七以剛陽，明于所從，是能去其惡而從于善，猶藥用雄黃而消食其癰疽之惡肉，言除舊以生新，喻去惡而從善也。

陳本禮曰：火，晝。雄黃有毒，能蝕癰疽惡肉，此以毒攻毒之方。

鄭維駒曰：《周禮》瘍醫：療瘍以五毒攻之，後鄭注：今醫方有五毒之藥，作之合黃堥有蓋反合也。置石膽、丹砂、雄黃、礜石、磁石其中，燒之三日三夜，其煙上著，雞羽掃取，以注瘡，惡肉破，內骨則盡出也。然則雄黃能蝕去惡肉，故云食肉。

鈴木由次郎曰：三月十六日，晝，奎十三度，火。雄黃，天然所生一種礦物，腐蝕癰疽之肉，而使生出新肉。君子去惡從善，如同雄黃腐蝕惡肉故生新肉。

文字校正：從首次七：「拂其惡，從其淑，雄黃食肉」。《集注》：「小宋本『雄』作『䧺』，音雄，今從諸家」。按：當作「䧺」，疑首次五：「蛈黃疑金」，范本作「蛈」，《集注》本作「䧺」，實為一字。䧺黃即雄黃，《說文》：「䧺，赤色也」，《管子・地員》：「䧺莖黑秀箭長」，房注：「䧺，赤也」。是本字為「䧺」，俗作「雄」，後人習見「雄」，少見「䧺」，而楊雄嘉用古字，如耎首次七「詘其節」，傒次四「詘其角」，用「詘」不用「屈」，耎次七「共所歾」，用「歾」不用「沒」，皆其例也。且疑首次五諸家作「䧺」，不作「雄」，亦楊氏用「䧺」不用「雄」之證也。

測曰：拂惡從淑，救凶也。

范望曰：去惡從善，故救凶也。

陳本禮曰：救凶二字說得利害，惡肉不蝕，則害及一身，大奸不除，則害及天下，可不懼哉。

鄭維駒曰：救之於禍始也。

次八：從不淑，禍飛不逐。

范望曰：順從之家，動宜從善，入〔八〕為瘵病，所從不善，如禍之成，不可遂止，故曰禍飛不逐也。

司馬光曰：小宋本作訟不淑，今從諸家。宋曰：不可辯訟而解。光謂：小人從於不善，禍發如飛，不可追治也。

葉子奇曰：八昏暗失于所從，乃從于不善，其禍來之速，如鳥之飛不可驅逐也。

陳本禮曰：木，夜。八在禍中而當夜，小人昏暗，失於所從，其被禍之速，如飛鳥之來，不可驅逐也。

鈴木由次郎曰：三月十六日，夜，木。小人心迷而誤應從之道，被禍如飛鳥之速而不可追。終不免受禍。

文字校正：從首次八：「從不淑，禍飛不逐」。范注：「所以不善，如禍之成，不可遂止，故曰禍飛不逐也」。遂，盡也，終也，故范曰「遂止」，據此，正文當作「遂」，然范注又曰：「故曰禍飛不逐」，是正文又作「逐」也。范注如此矛盾，恐有訛誤。按：正文當作「逐」，逐古音屬定母覺韻，淑，禪母覺韻，逐、淑正相協韻，遂，邪母物韻，與「淑」不協，此其證一也。《說文》：「逐，追也」，《集注》：「禍發如飛，不可追治也」。謂不可逐去災禍。測辭：「從不淑，禍不可訟也」，宋衷：「所以不善，故不可辯訟而解也」。謂於災禍不可辯解而消除。贊辭測辭逐、訟之意正相符合，此其證二也。《說文》：「訟，爭也」，《後漢書・馮異傳》注：「逐，爭也」，是逐、訟義近，亦證當作「逐」。遂謂亡、盡、終，與「訟」字之義不合，知必不作「遂」也。

測曰：從不淑，禍不可訟也。

范望曰：所從不善，故不可辯訟而解也。

陳本禮曰：所從不善，不能責人，故曰不可訟，咎有所歸也。

鄭維駒曰：震為言，兌為口，故曰訟。

上九：從徽徽，後乃登于階，終。

范望曰：子在其母家而相從順，故徽徽也。言于階者，九而從善，必登聖門，故言階也。

司馬光曰：范本升作登，今從諸家。

葉子奇曰：徽徽，美貌。九居從之極，復值陽明，是明從于至美者也，能不造于高明之地以止之乎。

陳本禮曰：金，晝。上九金在水世，金水內明，故能擇其所從。徽徽，美盛貌。所從既善，則德日進而業日修，升聞於朝，必登庸之選也。故曰後乃登於階。

孫澍曰：徽徽，美善也，升階謂進而登位也。終如《洪範》之考終命，《詩》之高朗令終是也。九為禍窮當夜，失位君子，所以美善遭際始雖坎坷，後必獲盛福，建功勳，若小人則一蹶不振矣。《易》曰：貞吉升階，大得志也。

鄭維駒曰：階有其基，從基有初，則登階有終矣。互艮為庭，故稱階。

鈴木由次郎曰：三月十七日，晝，奎十四度，金。徽徽，美盛貌。從而美盛，後為高官，以善終。

測曰：從徽徽，後得功也。

范望曰：從善，故有功者也。

進

䷢ 進：陽引而進，物出溙溙，開明而前。

范望曰：一方三州一部二家，天玄，陰家，二火，下中，象晉卦。行屬於火，謂之進者，言陽氣引萬物而長，溙溙然日以舒布，開明而前，謂之進。進之初一，日入奎宿一十五度。

司馬光曰：陰家，火，準晉，入進次六，日舍婁。王本引作承，今從諸家。宋曰：萬物隨之而出，溙溙然盛也。

陳仁子曰：進者陽日升而不息者也。《易》曰：晉，進也。夫《易》以日出地上而曰晉，則陽光普照而天下明也。《玄》以陽遇二火而曰進，則陽氣騰振而天行健也。故進者不息之功，而晉兼無私之義，愈不息則愈無私矣。《玄》曰：陽引而進，一也，若進以高明，若進淵且船，其不息矣哉。

葉子奇曰：溙溙，流出盛多貌。進之初一，日入奎宿十五度。

陳本禮曰：陰家，二，火，下中，卦準晉。《傳》：此時莽惡猶未大著，而在朝黨與猶未盡肯甘心從賊，尚期進用於漢，故陽猶引之而進，不沒其向上從善之心。物出溙溙，開明而前者，物皆踴躍自新，惟陽是從。溙溙，舒布貌。開明者，除其目中醫瘼也。

孫澍曰：鳥殷陽大，進準晉，外服以觀天子之光，光于康侯。

鈴木由次郎曰：第二十首，陰，二火，一方三州一部二家。溙溙，眾多貌。開明，除其目翳而使目明。陽氣進而養育萬物，萬物皆從陽，自新而進。

文字校正：進首首辭：「陽引而進，物出溱溱，開明而前」。王涯本「引」作「承」。按：當作「引」。引者，陽氣引物也，故此言「陽引」，下言「物出」、「而前」，正承此「引」字而言也。萬物之生，待陽氣引而出之也，若作「承」，則謂陽所承也，然觀文句，不知其何所承，且與下文「物出」諸語無涉，可證當作「引」也。

進首首辭：「陽引而進，物出溱溱，開明而前」。宋衷：「萬物隨之而出，溱溱然盛也」。《說文》：「溱，溱水出桂陽臨武入滙」。是為水名，非物盛之義。范本《釋文》：「溱，當讀作物盛蓁蓁之蓁」。此說是。《說文》：「蓁，草盛貌」。《廣雅·釋訓》：「蓁蓁，茂也」。《詩·桃夭》：「其葉蓁蓁」，毛《傳》：「蓁蓁，至盛貌」。《禮記·大學》：「其葉蓁蓁」，注：「蓁蓁，美盛貌」。《後漢書·張衡傳》注：「蓁蓁，茂盛貌」。皆蓁蓁訓盛之證。溱、蓁古皆從秦聲，聲同故可通。《詩·桃夭》：「其葉蓁蓁」，《通典·禮》十一引作「其葉溱溱」，《詩·無羊》：「室家溱溱」，《潛夫論·夢列》作「室家蓁蓁」，是可通之例。

初一：冥進否，作退母。

范望曰：水在火行，家性為進，而火在前，見害而退，故作退母也。水為冥，故冥進也。

司馬光曰：王曰：失進之道，退之本也，故曰作退母。光謂：一為思始而當夜，潛進而不以其正者也。

林希逸曰：夫道而進，其終必否，則今日之進，所以生異日之退也，故曰退母。

葉子奇曰：冥進，冥行也。一在進初，陰夜無所見，如冥行而進，豈復能通乎。吾恐其欲進而愈為退之母也，是進不以道而益以退矣。

陳本禮曰：水，夜。

鄭維駒曰：坤為母，日由地出，則進之母也。然初陰邪，坤又迷晦，以是而進，則以進母作退母矣。不能進，故否。

鈴木由次郎曰：三月十七日，夜，水。冥進，潛進。初一為水，水為冥。人不知而進，所進不正，遇害而退。

測曰：冥進否，邪作退也。

范望曰：以道不正，故退之也。

次二：進以中刑，大人獨見。

范望曰：刑，法也。二為平人，家性為進，進必以法，故言進以中刑也。進必以法，故稱大人。大人有獨見之明，故言獨見也。

章詧曰：二居晝，為下體之中，君子之人，為法於世，因得中道，故曰進以中刑，是由達識獨見之大人，法必用中，故測曰刑不可外也。

司馬光曰：王本無可字，今從諸家。

葉子奇曰：刑，法也。二在思中，故能進以公中之法，豈非有德之大人所獨見乎？言非眾人之所及也。

陳本禮曰：火，晝。刑同型。二居火世，明兩作離，是為在下之大人，能以中行之道作模範於人，以此型於家則家齊，以此型於國則國治。獨見者，惟大人有重離之明，能燭照內外，故曰獨見也。

孫澍曰：刑，法則也，二為思中而當晝，君子進必以中道為法則，如堯、舜之執中，湯之建中，故曰大人獨見。

鄭維駒曰：坤為刑，坤中爻進乎乾中而為離，此向明而治之。大人在思中，則獨見之大人也。惟中進中，亦惟中見中，彼不中者取刑焉可矣。二為火，火故見也。

鈴木由次郎曰：三月十八日，晝，奎十五度，火，鷹化鳩。中刑，中道之範例。刑，法。進而用中道，以大人為範例。大人為中道之範例，其所見能獨照內外。

文字校正：進首次二：「進以中刑，大人獨見」，范注：「刑，法也」。按：「中刑」不辭，「刑」當作「行」，次三：「狂章章，不得中行」。次二次三意相承應，皆言「中行」，中行猶中正之道也。「進以中行」，謂進以中正之道，不得中行，謂所進不得中正之道，進以中正之道，獨君子能之，故能進而為大人。進而不正，故曰「狂章章」也。次二次三贊辭以中行正道為意，兩兩相對，可為互證。若作「中刑」，則不對矣。又，次三測辭：「狂章章，進不中也」，次二測辭：「進以中刑，刑不可外也」。進不中，謂所進不正，而外於正道也。不可外，謂不可外於正道也。進不中與不可外，亦相對為文，互文見義。外謂偏離也，次二測辭二「刑」字，亦當作「行」。

測曰：進以中刑，刑不可外也。

范望曰：進以中刑，故不外之也。

陳本禮曰：德必充於內而後可以刑諸外也。

次三：狂章章，不得中行。

范望曰：三為進人，家性為進，進不得中，故章章也。三亦為出，出而失道，故謂之狂也。

司馬光曰：王本狂作往，今從諸家。三為思外，過中而當夜，妄進者也，故曰狂章章。章章，失據貌。

葉子奇曰：三已過中，逢夜之陰，是不正之人，狂妄章章然，不得其中行之道也。

陳本禮曰：木，夜。

鄭維駒曰：三為木，厥咎狂，狂故失柔中之道，不含章而章章也。不得中行，何以進而上行乎。木生火，故章章。

吳汝綸曰：此孔子取狂之旨。

鈴木由次郎曰：三月十八日，夜，木。章章，失其所據。猛進而失所據，不合中道。

測曰：狂章章，進不中也。

范望曰：進而失道，故不中也。

次四：日飛懸陰，萬物融融。

范望曰：日，君子也。懸，消也。陰，小人也。四為公侯，故稱日也。陰中之日，列國之君，知非天子也。君子而消小人，太平之道也。太平之道，萬物茂壯，故曰融融也。

司馬光曰：四為福始而當晝，君德進盛，明無不燭，如日飛登天，離陰絕遠，萬物融融然，莫不昭明也。

葉子奇曰：陰，光陰也。《傳》曰：禹惜寸陰是也。四在晉世而逢陽，猶日懸其光陰，萬物咸被照燭，莫不融融然而生長也。萬物賴日而生，萬民賴君以治。

陳本禮曰：金，晝。四非君而稱君者，哀帝崩，無嗣，迎中山王箕子為嗣，年始九歲，太皇太后臨朝稱制，一切朝政皆太皇太后主之。太后，陰象也，故曰日飛懸陰。太后既定四輔，又復襃賞宗室群臣，故曰萬物融融也。

鄭維駒曰：離為飛，飛者御六龍飛在天也。懸者懸象著明也，離以陽含陰，四時陽數陰，陰麗於陽，故曰懸陰。萬物就日之光，故融融也。

鈴木由次郎曰：三月十九日，晝，奎十六度，金。懸，隔。懸隔，遠隔。融融，和樂貌。日飛而升天，遠離陰。萬物皆和樂。喻君主之道隆盛。

測曰：日飛懸陰，君道隆也。

范望曰：萬物得所，故隆盛也。

陳本禮曰：時大權尚未下移，一切猶秉太后詔令而行，故曰君道隆也。

鄭維駒曰：非君稱君，蓋有文明之道，若文王然也。

文字校正：進首次四測辭：「飛懸陰，君道隆也」（范注本），按：當作「日飛懸陰」，各本贊辭均作「日飛懸陰」，可為證。范本測辭誤脫「日」字，又，《道藏》本測辭作「日飛懸陰」，君道，「道」下脫「隆也」二字。此測辭當依嘉慶本作「日飛懸陰，君道隆也」，各本作「懸」，范本《釋文》出「縣」字，按：范本舊文當作「縣」。《說文》：「縣，繫也」。「懸」乃後起字，《太玄》當用「縣」而不用「懸」。《集注》於此字無校語，是《集注》本原與范注本不異，皆當作「縣」。後人加心於其下作「懸」，則非《太玄》之舊矣。

次五：進以欋疏，或杖之扶。

范望曰：欋疏，附離也。五為天子，而在進世，當以聖道附離於臣，臣則盡忠輔佐於上，故曰或杖之扶。扶，助也。

章詧曰：五居夜，在進之世，小人之性不近正道而進取，空疏之人或拔之賤，以為輔佐。小人得位，不知臣子之道，輒掣止於君，故測曰掣於尊也。

司馬光曰：王本欋作攫，制作掣，范本宗作尊，今從二宋、陸本。宋、陸、王本杖作枝，今從范本。

葉子奇曰：欋音劬，欋疏，四齒竹爬也。五為君而好尚不同，或進以四齒之欋疏，君乃不用，而或惟杖是扶也。此與齊王好竽而不好瑟意同。

陳本禮曰：土，夜。五在陰世，適成其為女天子也。欋，笓齒，所以鬎垢。疏，梳也，所以櫛髮。進以欋疏者，欲其去小人而理紛亂也。杖者，丈也。諷其用老成而黜新進也。太后春秋高，故進以杖，冀以扶持幼主也。欋疏，范注：附離也，不知何物。而葉注作四齒竹爬，試問竹爬進之何用。

孫瀛曰：欋，《唐韻》：欋俱切，音劬，木根盤錯貌，又附離也。言小人附儷而晉，君親危不持，顛不扶者，夥矣，故曰或杖之扶。測又明欋疏之故，雖由群小倖晉，必有宗而主者，故曰制於宗，世說所謂倒持太阿授人以柄，其所由來非一朝夕之故矣。又唐武后官爵濫，時人為之語曰，欋推侍御史，《易》：拔芽連茹，以其匯貞，君人知所選哉。

鄭維駒曰：劉熙《釋名》：齊魯謂四齒杷為欋，欋疏或即其物。欋疏非杖而以為杖，五不明故也。互艮為手，故云扶。

鈴木由次郎曰：三月十九日，夜，土。欋，四齒梳，用於清除頭髮污垢。疏通梳，櫛也。杖，老人步行時用以拄地之物。轉指老人。進而用欋梳清除髮垢，以喻除去惡人以治紛亂。有時則得老成人之助。

文字校正：進首次五：「進以欋疏」（嘉慶本、《備要》本），范本、《道藏》本「欋」作「擢」，《集注》於此語無注，范注：「欋疏，附離也」。按：字當作「欋」，嘉慶本不誤。范注不知所云，不可取。盧校：「《廣雅》『渠挐謂之杷』，此『欋疏』與『渠挐』音義同，臣當為君芟除荒穢，乃為君所杖也」。此說是。《方言》五：「杷，宋、魏之間謂之渠挐，或謂之渠疏」。《太玄》「欋疏」即《方言》「渠疏」。《釋名·釋道》：「齊魯間謂四齒杷為欋」。欋或從耒，《集韻》：「耟，耜也」。欋、杷皆農具，其類一也。《爾雅·釋草》：「欋，烏階」。郭注：「即烏杷也。子連相著，狀如杷齒，可以染草」。阮元校勘十三經以為此處「欋」字當作「擢」，其說曰：「唐石經、元本同，閩、監、毛本作『欋』，誤。葉鈔本《釋文》作『擢』，通志堂本誤作『欋』，雪窗本同」。此說亦無證據，惟列各本異同，而以作「擢」者是，作「欋」者誤。而《方言》、《釋名》、《爾雅》所述則一名物，從木較從手者更為合理，從手則為動詞矣。「欋」與「渠」音亦相近，故亦有杷義。與「欋疏」或作「欋挐」，或作「挐欋」，《漢書·楊雄傳》下：「擢挐者亡，默默者存」，《傳》上：「熊羆之挐擢，虎豹之淩遽」，《文選·魯靈光殿賦》：「奔虎擢挐」，此皆可證「欋疏」即「渠疏」、「渠挐」也，各書「欋」多誤為「擢」。《太玄》此首下文言「或杖之扶」，謂以欋疏為杖，扶之而助行也，猶君之以臣為輔弼也。測辭：「制于宗也」，謂君上受制於眾臣，猶老人無杖便不得行進也。贊辭測辭之意貫通相應，若依范注附離之說，則與上下文意不合，故不可取。

測曰：進以欋疏，制于尊也。

范望曰：五位至尊，眾所宗制也。

葉子奇曰：惟君所好。

陳本禮曰：人之一身以首為尊，制，正也，禁制也。制於尊者，欲禁制權奸，剔污刮垢，必先自太皇太后始，此董狐之直筆也。正本清源，必須先從太皇太后始，人必自正而後能正人。

鄭維駒曰：所以制下者不以德而以位，故云制於宗。

文字校正：進首次五測辭：「進以欋疏，制於尊也」。《集注》本「尊」作「宗」。按：當作「宗」。次三次四測辭曰「進不中也」、「君道隆也」，宗、中、

隆古皆冬部字，正相協韻，而「尊」屬文部，與中、隆不協，是其證。制於宗者，謂制於眾也。《廣雅·釋詁》三：「宗，眾也」。《周書·程典》：「商王用宗讒」，孔注：「宗，眾也」。《楚辭·招魂》：「室家遂宗」，王注：「宗，眾也」。《易·同人》：「同人于宗」，荀注：「宗者眾也」。臣於君為眾，君不能制臣則制於臣，君賴眾臣扶助，無臣則君不得行，次五測辭即此意也。次四測辭「君道隆也」，辭為休，次五之辭則咎，與次四相反，故有君道廢替之意，故曰「制於眾也」。《太玄》以五為中祿，為天子，進首次五乃陰首陽贊，當夜，辭例當咎，故以天子不強而受制於眾臣為喻。而與次四君道隆盛、群陰（喻眾臣）懸繫於日（喻君）之象相對為文也。

次六：進以高明，受祉無疆。

范望曰：高明，五也。高明之君，奉祠神靈，齊戒盡敬，不失禮儀，故受祉福無疆界也。

司馬光曰：范曰：迂，遠也。光謂：六為隆福而當晝，君子進德高明，受福無疆也。

葉子奇曰：六為福隆，故能進以高明之道，宜其受福無疆也。

陳本禮曰：水，晝。時大權盡歸王氏，帝母衛后、帝舅寶玄，莽白太后皆留中山，不得至京師，骨肉分離，帝年壯知衛后，故常怨莽，不悅。進以高明者，欲帝左右宜以高明自衛，防其暗中毒害。故曰受祉無疆。

鄭維駒曰：無疆，坤也。高明配天，則受福配地矣。

鈴木由次郎曰：三月二十日，晝，婁一度，水。德之進而高明，受福無窮。

文字校正：進首次六：「進以高明，受祉無疆」（《道藏》本），嘉慶本、范本「祉」作「祉」，按：當作「祉」。《說文》：「祉，福也，從示，止聲」。《集注》：「君子進德高明，受福無疆也」。知《集注》本原當作「祉」也。字書無「祉」字，當為「祉」字形訛。古籍從手從示從衣之字多有互訛，如「初」作「初」，「裸」作「裸」之類是也。

測曰：進以高明，其道迂也。

范望曰：福及子孫，甚迂遠也。

葉子奇曰：迂，遠也。

陳本禮曰：莽之蓄意不善，高明二字隱喻暗諷，實當時忠誠懇切之言，杞人之憂也。人反笑為迂遠，不知後果為所料，臘日椒酒之進，事竟驗矣。

俞樾曰：樾謹按：迂，大也，蓋即訏之假字，《爾雅・釋詁》：訏，大也，字亦作盱，《周易》豫六三：盱豫，《釋文》引王肅注曰：盱，大也，又或作于，《書大傳》：名曰朱于，鄭注曰：于，大也。蓋于盱訏並聲近而義通。《禮記・文王世子》篇：況迂其身以善其君乎，正義曰：迂猶廣也，大也，是其義矣。進以高明，故其道大。范注以迂遠釋之，非是。

鄭維駒曰：道迂者進由漸致福，非倖獲也。

文字校正：進首次六測辭：「進以高明，其道迂也」，范注：「迂，遠也」，俞氏曰：「迂，大也，蓋即『訏』之假字，字亦作『盱』、『于』，蓋『於』、『盱』、『訏』、『迂』並聲近而義通。」俞說是。古從於之音者，多有大義。《方言》一：「於，大也」，《禮記・檀弓》下：「于則於」，疏：「于謂廣大」，又曰：「迂是廣大之義」，《漢書・地理志》下：「恂盱且樂」，顏注：「盱，大也」，其他例證尚多，可知古籍中於、迂、盱、訏、籲、竽、竿等，皆有大義。古以聲為主，故從於聲者多有大義。《太玄》用迂，曰：「其道迂也」，亦取迂大之義。次六贊辭：「進以高明，受祉無疆」，測辭：「進以高明，其道迂也」，福祉無疆，即是福大，故云「其道迂（大）也」。

次七：進非其以，聽咎窒耳。

范望曰：七為失志，故進非其以也。君子之道，思患改過〔預防〕，樂〔慎〕聞所惡，聽咎塞耳，非所以為賢也。

司馬光曰：七為禍始而當夜，小人不以其道進升高位，眾毀滋章，塞耳而滿也。

林希逸曰：進不以正，為世所毀，其過咎滿耳之聽，即榮華不滿眼，殃咎塞兩儀之意。

葉子奇曰：以，用也。七為失志，所行多謬，人或進其諫說，乃非其所用也。既聞其過，反塞其耳而不聽之，拒諫忌醫，無足為矣。

焦袁熹曰：聽咎窒耳，惡人毀己也，而毀乃滋章。仲由喜聞過，令名無窮焉。君子小人之相去，其不亦遠乎？

陳本禮曰：火，夜。此刺莽也。君子進必以道，椒酒之進，天下紛紛傳播，莽皆置若罔聞，竟敢居攝踐祚，此俗所謂掩耳盜鈴也。

鄭維駒曰：進不以高明故非，其以互坎為聽為耳。

鈴木由次郎曰：三月二十日，夜，火。小人進而不用宜進之道，雖聞眾人之惡口，亦充耳不聞，掩耳盜鈴之類。

測曰：進非其以，毀滋章也。

范望曰：惡聞其咎，咎日多也。

葉子奇曰：其失愈甚。

次八：進于淵，君子用舩。

范望曰：八，木也。木而進淵，知為舩以濟水，猶君子之濟民也。

章詧曰：八居晝，君子以道居進之世，將進乎淵而用乎船，謂正得進之道，涉危慮患，君子也。非其道不進，故測曰以道行也。

司馬光曰：范本測作進淵且船，今從諸家。淵者險難之象，八為禍中，故曰進于淵。用船則淵可濟，憑道則難可涉也。

葉子奇曰：得中逢陽，進得其道，進淵用船，言得道也。

陳本禮曰：木，晝。淵者險難之喻，君子當天下大亂無道之世，而欲拯溺救患，非用舩進淵不得濟也。

鄭維駒曰：出互坎之上，故進於淵，離虛中船象。

鈴木由次郎曰：三月二十一日，晝，婁二度，春分，木。淵指險難之地。在無道之世，君子欲求人民之患，若不用船，亦不能渡淵。不由正道，則不能克服艱難。

測曰：進淵且舩，以道行也。

范望曰：進淵得舩，以其道也。

司馬光曰：范本測作進淵且船，今從諸家。

鄭維駒曰：道者虛中之道。

文字校正：進首次八測辭：「進淵且舩，以道行也」（范注本），《集注》本：「范本測作『進淵且船』，今從諸家」。按：「且」乃「用」字形訛，當作「用」。舩、船一字異體，「且船」不辭，贊辭：「進于淵，君子用船」，可證當作「用」。吳汝綸：「『且』疑為『曰』」，非是。

上九：逆憑山川，三歲不還。

范望曰：九為上山，故逆也。三，終也，家性為進，進而不已，故終歲也。山川高險，終歲不還，以諭難也。

司馬光曰：馮，古憑字。九為禍窮而當夜，小人進不以道，至於上極而陷於禍，不能自返者也。

葉子奇曰：九居進極，不能順由其道，乃逆憑山川以進，其為險難可知矣。力多功小，是以至于三歲之久，猶不得歸復也。

陳本禮曰：金，夜。孺子嬰居攝二年，東郡太守崔義起兵討莽，眾十餘萬，三輔豪傑趙朋、霍鴻等，聞義起亦率眾十餘萬攻長安，火見未央前殿。莽惶懼不能食，乃日抱孺子禱郊廟，依《周書》作《大誥》喻天下當反位孺子之意。及建國元年，莽乃廢孺子嬰為定安公，自稱新皇帝，則前所謂復子明辟者，全屬子虛矣。此所謂逆憑山川也。三歲不還者，久據而有之也。

鄭維駒曰：按范注三歲當為終歲。艮山坎川之上，陽處之則順，陰憑之則逆，不還者失其初基也。楚靈王、吳夫差似之。

吳汝綸曰：此指王莽。

鈴木由次郎曰：三月二十一日，夜，金。山川，險峻之處。上九為禍之窮，陷於險難。三歲，同終歲，言時間長久。小人進不用道，陷於險難，終不可救。

文字校正：進首上九：「逆憑山川，三歲不還」（范注本），《集注》本「憑」作「馮」，曰：「馮，古憑字」。其說是。廓首次六：「百辟馮馮」，范注本、《集注》本皆作「馮馮」，《集注》：「馮，古憑字」，范注：「馮，依也」，堅首上九測辭：「所憑喪也」，二家皆作「憑」。按：此三處均當作「馮」，馮為古字，憑為後起字，《說文》收「馮」不收「憑」，楊雄喜用古字，恐《太玄》原文當作「馮」也。《廣雅》：「馮，登也」，《爾雅・釋訓》：「馮河，徒涉也」。「逆馮山川」，謂逆登山、徒涉川也，皆進之不正者，故曰「三歲不還」、「終不可長也」（測辭）。

測曰：逆憑山川，終不可長也。

范望曰：不可久長者也。

釋

䷗ 釋：陽氣和震，圓煦釋物，咸稅其枯，而解其甲。

范望曰：一方三州一部三家，天玄，陽家，三木，下上，象解卦。行屬於木，謂之釋者，驚蟄節終此首次二，春分氣起於此首次三。斗指卯，夾鍾用事。震，動也。圓，陽氣形勢也。煦，暖也。謂陽氣溫暖，萬物咸稅枯解甲，而生於太陽之中也。故謂之釋，釋亦解也。釋之初一，日入婁宿三度。

司馬光曰：陽家，木，準解。入釋次三二十六分一十一秒，春分氣應，故兼準震。稅與脫同。宋曰：震，動也。圓，陽形也。范曰：煦，暖也。

林希逸曰：準震，釋，散也。

鄭氏曰：稅，吐外切，易也，易枯為榮。解，居隘切，除也。又下懈切，散也。冬至後為少陽，春分後為太陽。

陳仁子曰：釋者物遇陽而解者也。天下屯難之世，惟動者能解，萬物彫弊之會，惟進者能釋，故解萬物者天地也，解天下者聖賢也。《易》曰：雷雨作解而百果草木皆甲拆，蓋陽出坎中而動乎震下，動而能解者也。《玄》曰：物咸稅其枯而解其甲，蓋陽自三陽為泰之後，進於四陽為壯之初，進而能釋者也。三而風動雷與，九而終脫桎梏，其功用非畏且沮者能釋也。

葉子奇曰：和，溫，震，動也。圜，轉，煦，暖也。陽氣已盛，物之鬱結而未伸者，至是咸解釋舒暢，故稅其枯而解其甲也。釋之初一，日入婁宿三度。驚蟄節終此首之次二，春分氣起此首之次三。斗指卯，夾鍾用事。

陳本禮曰：陽家，三，木，下上，日入婁，斗指卯，律中夾鍾，春分氣應，卦準解。稅音脫。傳：釋，解也。震，動也。圜煦，日光也。此時物皆從陽而進，陽和大震，凡物之鬱結未伸者，咸被太陽之圜光煦煦，俾枯者稅甲坼而各得飲和食德，沐浴於春風化雨中，故曰釋。

孫澍曰：釋準解，《太玄》以崇德辨惑。

鄭維駒曰：震初得乾之太和，故和震。乾為圜，震初得乾之圜，回環煦育萬物，故物皆去故而從新。稅與脫同。《左傳》有司對曰：鄭人所獻楚囚也，使稅之，字義皆同。卦氣圖以解代震，故首贊多言震，震之德動，故多言動。

鈴木由次郎曰：第二十一首，陽，三木，一方三州一部三家。震，動。圜煦，日光。圜同圓，煦，日光照而暖。稅通脫。甲，草木始生之時，其種子之皮。陽氣和動，日光照耀，鬱結之物皆得解放。萬物此前皆枯衰，至此而後則脫殼而生長伸出。

初一：動而無名，酉。

范望曰：酉，西方也。水為金子，孝子之道，無所成名，歸功於母，故曰無名酉也。

司馬光曰：王本作動能無名，今從諸家。酉，就也，謂成功也。一為思始而當晝，君子動於微眇，化育萬物，百姓見其成功而無能名焉，故曰動而無名，酉。

鄭氏曰：歸功注云：歸功於母，故曰無名酉。按：水為金子，則無名者水也，酉者金也。然則注又云歸功於父，何也？蓋火克金為妻，金生水為子，則

二火於一水有父道焉。故上二下一，父子之位也。贊注以酉言之，故云母。測注以二言之，故云父。各有攸當也。或欲改從一，是未之思也。

葉子奇曰：一當陽氣和震之初，其用無所不周，故其動用，不可以一善名之也，故酉利。

陳本禮曰：水，晝。水在木世，陰滋暗長，有功於木，然人皆歸功於春而水無名，故曰動而無名也。酉，屈也。名為春掩，故若屈也。

鄭維駒曰：無名之動，動之宗也。

鈴木由次郎曰：三月二十二日，晝，婁三度，水。酉通就，成就。君子動於微妙之間，化育萬物。其形跡不顯於外，故不可名狀，但自然成就其功德。

文字校正：釋首初一：「動而無名，酉」，范注：「酉，西方也」。盧校：「似正文及注皆是『酉』字」。按：盧說非是。《太玄》通用「酉」字，不用「酉」字，然其義則為「酉」字之義，蓋假「酉」為「酉」也。酉、酉聲近故可通。《說文》：「酉，就也，八月黍成可為酎酒」。《釋名‧釋天》：「酉，秀也，秀者物皆成也」。《廣雅‧釋詁》三：「酉，就也」。《玄數》：「辰申酉」，范注：「申酉在西方，酉取畢成可留聚也」。是酉有成就留聚之義，以配西方、秋季。《玄文》：「罔直蒙酉冥，酉，西方也，秋也，物皆成象而就也」。又曰：「酉者，生之府也、酉考其親、有蒙則可酉也，可酉則反乎冥也」，范注：「酉之言聚也，物已成就可蓄聚也，秋聚陳穀，考，成也，物咸成就也」，物生而長於東，成於南，酉於西，入於北，是《太玄》假「酉」為「酉」也，表示物已成就而留聚之義，且表西方與秋季。八十一首之內，如中首次七：「酉酉」、「酉酉之包」，戾首次二：「酉負」，爭首次四：「不酉貞」，永首次六：「入酉冥」，止首次二：「酉止」，范注皆曰：「酉，聚也」，《玄圖》：「天地人功咸酉貞，陰酉西北」，范注皆曰：「酉，聚也」，共釋首此「酉」字，《太玄》「酉」字共十三見，其義皆用「酉」字之義，而「酉」字唯《玄數》一見，彼蓋言十二支之數，不可假以「酉」也。然則《太玄》以「酉」代「酉」之例明矣，而盧說之非是亦可知也。

測曰：動而無名，不可得名也。

范望曰：歸功于父，不可名有也。

鄭維駒曰：不可得名，眾名之母也。

次二：動于響景。

范望曰：火之然也，不風不盛，盛則景耀而聲揚，故言動于響景也。

司馬光曰：響應聲，景隨形，皆動不由己者也。二為思中而當夜，小人隨人而動，如響景然，故不足觀聽也。

鄭氏曰：響，舊云一作嚮，按：響與嚮古通用，《莊子》云：猶應嚮景，亦讀嚮為響也。景，舊音影。

葉子奇曰：響出乎聲，景出乎形，二者皆非物之質而物之遺也，皆非物之實而物之虛也。二居夜陰，是不務質實而動于虛浮，則亦何足以為觀聽哉。此言人之舍本趨末，棄德務名之為害也。

陳本禮曰：火，夜。

鄭維駒曰：陽實陰虛，響景之動，虛動也。

鈴木由次郎曰：三月二十二日，夜，火。動于響景，景，影。響應聲，影隨形。此喻由他而動，不由己意而動。小人如響影隨人而動，不以自己的意志而行動。

測曰：動于嚮景，不足觀聽也。

范望曰：聲而不音，何足聽也。

陳本禮曰：響景，火之形聲也。虛而無實，而世之捕風捉影者，即借以為獻頌之資，如黃龍游江中，齊郡新井、巴郡石牛、扶風雍石，動稱符瑞，駭人耳目，是豈足動人觀聽哉？

鄭維駒曰：二，夜人也，夜無所聽，聽於響，夜無所觀，觀之於景，響景虛故不足觀聽也。

次三：風動雷興，從其高崇。

范望曰：三在東方震巽之位，故稱雷風。風動於下，雷發於地，上歸於天，二在其上，可高而尊，故稱高崇也。

司馬光曰：二宋、陸本作從其高宗，王本作從其道直高崇，今從范本。三為成意而當晝，君子動作之跡見於外，如風雷之益萬物，故其功業日就高崇也。故曰動有為也。

葉子奇曰：以陽逢陽，鼓舞震動，其勢高大，如風動雷興，又豈小哉？其為進也勃矣。

陳本禮曰：木，晝。三在木世而逢陽，根本既盛，枝葉又茂，君子名譽既高，聲華藉盛，如風之動四方，雷之興雲雨，從其高崇者，道益高則德日尊，而四方從之者如歸市矣。

鄭維駒曰：三為木屬巽，震巽為高，故云高崇。

鈴木由次郎曰：三月二十三日，晝，婁四度，木。君子行動不現於外，而名聲日著，如風動四方，雷興雨降，其功業日高，人皆從之。

測曰：風動雷興，動有為也。

范望曰：風雷動物，為天下作用也。

次四：動之丘陵，失澤朋。

范望曰：四為澤，朋，類也。五為土，土為丘陵也。去四即五，故動之以丘陵也。以論於人，去卑即尊，去澤之陵也。

司馬光曰：丘陵以喻高，澤以喻下。四為福始而當夜，小人之動，務在升高而不顧其下，則不免孤危也。

葉子奇曰：丘陵，上也。澤，下也。四以陰柔，動而從上，而失在下之朋類，是奸臣奉上凌下，謟君虐民者之所為，能不致人國家之危乎。

陳本禮曰：金，夜。

俞樾曰：樾謹按：范注曰：朋，類也，此未得朋字之義。古朋字與崩通，《史記·齊太公世家》：隰朋，《集解》引徐廣曰：朋或作崩，《周易》復彖辭：朋來無咎，《漢書·五行志》引作崩來無咎，並其證也。此贊朋字當讀作崩，言高以下為基，其下無澤，則丘陵不能成其高而致崩壞矣。測曰：動之丘陵，失下危也，以失下危明失澤朋之義，可知朋之當為崩矣。

鄭維駒曰：四九為山，故曰丘陵。震一陽出庚，兌二陽見下，故坤得震兌為朋。而震兌又自相朋也。由震而兌，陽所自生，由澤而丘陵，陽所自出，四動於上，而實無陽，則失其兌朋而震亦虛矣。動於上而虛，欲無危也得乎。

吳汝綸曰：朋當為崩之壞字。

鈴木由次郎曰：三月二十三日，夜，金。次五為土，故稱丘陵。動而離澤，行向丘陵。失去澤（次四）之友，孤獨而處於危險。

測曰：動之丘陵，失下危也。

范望曰：處高失舊，故危之也。

次五：和釋之脂，四國之夷。

范望曰：和脂論濡協也。五在釋家而處天位，動以濡協於鄰國，以平四方，故言四國之夷。夷，平也。

司馬光曰：宋、陸本和釋之脂作和釋脂民，王、小宋本作和釋脂，今從范

本。說與悅同。范曰：和脂喻濡協也。夷，平也。光謂：五以中和居盛位，當日之晝，聖人得位，布其德澤，和協四國，莫不夷懌也。

林希逸曰：脂，澤也。以中和而布散其德澤，天下自然夷平。

葉子奇曰：夷，平也。五陽明之君，是能和膏澤以潤天下，天下其有不平者乎。

陳本禮曰：土，晝。

鄭維駒曰：五為脂，釋之以雷動，和之以雨，潤脂其癯民，澤其枯脂，其醜民去其垢，得乎眾而免乎險，故四國夷也。

吳汝綸曰：釋之言悅也。

鈴木由次郎曰：三月二十四日，晝，婁五度，土。脂，凝固的肉脂。溶解肉脂而充分塗之，以喻施德澤而使萬民和悅，故四方之民心平和而喜悅。

測曰：和釋之脂，民說無疆也。

范望曰：以和得民，故說也。

鄭維駒曰：民說無疆，則天下肥也。

次六：震于廷，喪其和貞。

范望曰：貞，正也。六為宗廟，五在六下，故言于廷。震，怒也。五以和順，和平四國，當歸功先神，告成祖考。家性為釋，唯解而已。神怒民怨，故喪其和正也。

司馬光曰：喪，息浪切。六居二體之內而近於五，庭〔廷〕之象也。夫德以柔中國，刑以威四夷，以德懷近則近和，以威儡遠則遠正。今用震於廷，失其所宜，故和正俱亡也。

林希逸曰：廷喻內也，用威不於外，而於內則一家之和正俱失之矣。

葉子奇曰：六逢陰幽，是陰幽小人而居福隆之地，憑其隆盛，以貴驕人，乃震耀于廷，不勝其侈。然其所為如此，能不失其中和之正道哉。齊桓公葵丘之盟，震而矜之，諸侯叛者九國，此其驗也。

陳本禮曰：水，夜。

鄭維駒曰：五和釋於中，故不言震，六近君，故震於廷。喪其和者，屬故也。喪其貞者，失乎臣度也。

鈴木由次郎曰：三月二十四日，夜，水。近者宜以德和之，遠者宜以威正之，不守此道，反而在近廷之內用威，此乃失和正之道。

測曰：震于廷，和正俱亡也。

范望曰：先和後怒，故皆亡也。

次七：震震不侮，濯漱其詢。

范望曰：七為失志，而自震怒，不侮於人，雖見詢怒，垂自解釋，如濯漱垢辱，去其穢也。

司馬光曰：漱，素候切。詢，呼漏切。漱，澣也。詢，恥也。震震，有威嚴之貌。七為禍始而當晝，君子有威嚴之德，人不敢侮，故可以澣濯其恥也。

鄭氏曰：詢，舊呼寇切，詬同。又音候，罵言也。

葉子奇曰：詢，濁也。七逢陽，雖震而又震，固非其道，然而不至于淩侮者，由能改過自新，洗濯其舊染之污也。

陳本禮曰：火，晝。震震，恐懼貌。《易》曰：震亨，震來虩虩，虩虩，恐懼修省也。不侮者，恭則不侮人。濯，滌也。漱，澣也。詢，恥也。七為禍始而當晝，君子遇禍之來，能恐懼修省，自能濯漱其詢恥，而與人無侮也。

孫澍曰：雖見詢怒，善自解釋，如濯去垢穢也。

鄭維駒曰：震震所謂洊雷震也，我不侮人，自能恐懼，修省濯其詢，其要無咎也。坎為水，故濯漱。

鈴木由次郎曰：三月二十五日，晝，婁六度。火。震震，懼慎貌。詢同詬，恥。震震懼慎，不侮人，人亦不侮己，自能洗其恥。

文字校正：釋首次七：「震震不侮，濯漱其詢」。范注：「詢，怒也」。《集注》：「詢，恥也」。按：范注非，《集注》是。《說文》：「詬，謑詬，恥也，從言，後聲」。「詢，詬或從句」。是「詢」乃「詬」之異體，其義則一，皆謂恥也。《集注》即本於此，測辭：「震震不侮，解恥無方也」。測辭「解恥」，即贊辭「濯漱其詢」（恥），且恥可曰洗雪，而怒不可曰濯漱，此亦可證當解為「恥」。范注又曰：「如濯漱垢辱，去其穢也」。《釋文》曰：「詢又音侯，罵言，同『詬』」，是范本亦讀「詢」為「詬」，謂之辱穢，亦與「恥」同，而非怒也。一注之中，既言詢怒，又言垢辱，不該如此牴牾，可知其說自亂，不可從。

測曰：震震不侮，解恥無方也。

范望曰：見侮而解，無常辱也。

葉子奇曰：無方，無定也。言昔非今是。

次八：震于利，顛仆死。

范望曰：六七八皆稱震者，震，動也。六為母而生八，八相假威勢，故皆稱震也。九為金，金為利，動欲之九，為金所克，故巔死也。

司馬光曰：小人見利而動，以陷禍中。利死偕行，而不自知也。

葉子奇曰：八居夜陰剝落之際，宜當致戒。然小人暗于卑近，不勝其富，震動而矜其財利，不知衰敗已萌，豈能保其不巔仆而死乎。古者石崇之徒是也。

陳本禮曰：木，夜。八為敗木而在禍中，當謹懼自斂以固本根，乃以財富自炫誇耀鄉黨，使人震懾其富，而不知下值七火，上遇九金，以彼枯根朽質，有不顛仆而死者乎。

鈴木由次郎曰：三月二十五日，夜，木。夸耀財利以恐嚇人，終必顛覆而死。

文字校正：釋首次八：「震於利，巔僕死」（范注本），《集注》本「巔」作「顛」，按：當作「顛」。《說文》：「顛，頂也」。「巔」乃後起字，專用於巔頂之義，其他義項用用「顛」而不用「巔」。古籍中惟《素問》一書用「巔」字，皆謂巔頂之義，他書通用「顛」。《太玄》原文亦當作「顛」，今范注本彊首上九曰：「其人顛且蹢」，疑首次八：「顛疑」，堅首次七：「堅顛觸冢」，上首次六：「顛衣倒裳」，皆作「顛」。中首上九：「巔靈氣形反」，范注：「巔，下也」，斂首次八：「大斂大巔」，此乃顛墜顛僕之「顛」，字當作「顛」。巔，下也，亦是顛墜之顛，堅首之「顛」，謂顛頂也，知《太玄》通用「顛」，不作「巔」。釋首次八「巔僕死」，亦當作「顛」。《詩·蕩》：「顛沛之揭」，毛《傳》：「顛，僕也」。《漢書·五行志》中之上《集注》：「顛，僕也」，《後漢書·徐稺傳》注：「顛，僕也」，《論語·里仁》：「顛沛必於是」，《集解》引馬注及皇疏皆謂顛沛猶僵僕也，皆「顛」訓僕之例，知顛、僕義通，故《太玄》以「顛僕」連文。「巔」無訓僕者，亦無以「巔僕」、「巔沛」連文者，可證《太玄》此贊辭亦當作「顛僕」也。《太玄》「顛」字共此六見，義皆當作「顛」。

測曰：震于利，與死偕行也。

范望曰：行財利之事，死之原也。

上九：今獄後穀，終說桎梏。

范望曰：說，解也。九為極，極於刑獄，故桎梏也。家性為釋，雖其見獄，終必解釋也，故用說桎梏也。穀，善也。先獄後善，故離於難也。

司馬光曰：宋、陸本彼作皮，今從范本。說與脫同。穀，生也。九為禍窮，故今獄也。在釋而當畫，故後穀也。

葉子奇曰：說音脫，義同。九為禍極，故今獄，極而必通，故後穀。蓋始咎終休，終說桎梏也。彼指初。

陳本禮曰：金，畫。說同脫。九在禍終，為金所克，故獄。穀，吉也。桎梏皆木具，木能生火，火能銷金，故終得免於難也。

鄭維駒曰：鐘惺曰：大《易》云：君子以赦過宥罪，即此義。補：獄、桎梏，坎象，震為百穀，後穀者，不以禍終也。

鈴木由次郎曰：三月二十六日，晝，婁七度，金。穀，善。桎梏，刑具，用以枷縛犯人手足。又指牢獄。現被繫於牢獄，後能逢吉而脫牢獄。上九當禍之窮，故云繫於牢獄。

文字校正：釋首上九：「今獄後穀，終說桎梏」。范注：「穀，善也」。《集注》：「穀，生也」。按：「穀」字之義甚多，可訓善，如《詩·東門之枌》：「穀旦於差」，《黃鳥》：「不我肯穀」，毛《傳》皆曰：「穀，善也」。然「穀」又可訓生，如《詩·小宛》：「自何能穀」，毛《傳》：「穀，生也」。《大車》：「穀則異室」，毛《傳》：「穀，生也」。《爾雅·釋言》：「穀，生也」。諸如此類，其例甚多。然於《太玄》此文，范氏注「穀」為「善」不如《集注》「穀生也」之訓於義為長。釋首次八贊辭：「震於利，顛僕死」，測辭：「震於利，與死偕行也」。贊辭測辭皆曰「死」，九承八意，贊辭曰：「今獄後穀，終說（通脫）桎梏」，測辭曰：「今獄後穀，於彼釋殃也」，辭意正言「生」，與「死」相對，謂脫釋獄禁桎梏之殃而得生也。八言死，九言生，相對為文，文意乃合，可證《集注》之訓勝於范注。

測曰：今獄後穀，于彼釋殃也。

范望曰：殃謂七也，火為金殃，九復於一，水釋火也。

陳本禮曰：金為木殃，火為金殃，彼謂初一遇水，而火亦滅，則殃皆釋矣。

格

格：陽氣內壯，能格乎群陰，攘而卻（原作郤）之。

范望曰：一方三州二部一家，天玄，陰家，四金，中下，象大壯卦。行屬於金，謂之格者，陽氣內壯，格拒群陰也。攘卻而上，故謂之格。格之初一，日入婁宿八度也。

司馬光曰：陰家，金，準大壯。格，拒也。攮，汝陽切。卻，去略切。

鄭氏曰：師如字。按：《說文》：格，正也。格，至也。格，擊也。經史通用格字，格象大壯，陽之壯也。以正去邪，至則擊滅，故名曰格。

林希逸曰：準大壯，非。

陳仁子曰：格者陰為陽所制者也，蓋四陽為大壯之時也，凡物力剛者奪，勢重者軋，強者制人，弱者制於人，而陽之格陰則非用力格之也。陽盛則陰自衰，陽長則陰自消，譬之嚴冬之時，爐火炎炎，寒氣自然消鑠而不能入。故《易》以四陽消二陰而曰大壯，《玄》以四陽制群陰而曰格。壯者自其大體而言，格者自其大用而言。內惡之格，珍類之格，極而鞏堅之格，其器量亦壯矣哉。

胡次和曰：邵云：以七度為正。鄭云：卻與卻同，作郤者，誤。

葉子奇曰：格，拒也。格之初一，日入婁宿八度。

陳本禮曰：陰家，四，金，下下，卦準大壯。傳：格，拒也。此時群陰猶未盡散，盤據竊發，而不知陽之內氣已壯，能翦除凶逆。攮者擊而卻之於外，故曰格。

孫澍曰：格準大壯，四陽盛長，外寧必有內憂，大臣以繩愆糾繆，格君非心。

鈴木由次郎曰：第二十二首，陰，四金，一方三州二部一家。格，拒。攮，排，卻之。陽氣壯於內，格拒群陰，能排攮而卻之。

文字校正：格首首辭：「陽氣內壯能格乎群陰，攮而卻之」（范注本）。《集注》本「卻」作「郤」，范注：「攮郤而上，故謂之格」。《集注》：「卻，去略切」。按：當作「卻」，《說文》：「卻，節欲也，從卩，谷聲。郤，晉大夫叔虎邑也，從邑，谷聲」，知「卻」與「郤」為二字，不可混同。「卻」俗作「卻」，「郤」則為「郤」之異體。《廣韻》：「卻，節也，退也，卻，俗。郤，姓，俗從丟」。《集韻》：「卻，《說文》『節欲也』，一曰『退也』，或作『卻』。郤，地名，亦姓，或作『郤』」。「郤」又通「隙」，《集韻》：「隙，《說文》『壁際孔也，或從綌、綌、陷』」。「陷」即「郤」，從谷從丟同，故「郤」可作「郤」，「綌」可作「綌」。郤、卻、隙三字古雖皆溪母鐸部字，然因「郤」「卻」有別，且「郤」「隙」皆從阜，故習慣上止以「郤」通「隙」，不以「卻」通「隙」。《禮記‧曲禮》下：「相見于郤地」，鄭注：「郤，間也」。《莊子‧德充符》：「使日夜無郤」，《釋文》引李注：「郤，間也」，「間」即「隙」，是「郤」通「隙」也。又，《莊子‧知北遊》：「若白駒之過郤」，《釋文》：「郤，本作隙」。《周書‧寶典》：

「喜怒不郤」，孔注：「郤，間也」，《文選・重答劉秣陵詔書》：「雖隙駟不留」，注：「郤，古馳隙字也」。《孟子音義》下引丁音：「郤，義與隙同」。皆其證也。「郤」「卻」形近，極易訛誤，學者往往混淆之，如《經籍纂詁》「郤」字條下，既收「卻」字，又收「郤」字，知於二字未曾分辨矣。「郤」「卻」易訛，其俗體亦隨之而訛。《太玄》此首謂「攘而卻之」，卻，退也，除也，止也，正與「攘」字義相應。若作「郤」，則文意不合，知其誤也。

初一：格內善，失貞類。

范望曰：貞，正也。內善，親屬之善者。家性格乖，不與賢者共治，其親之善者，各自奔亡，若微子去紂也。

司馬光曰：吳曰：宵與肖同，引《漢書》人宵天地之貌。宋曰：宵，類也。類，法也。光謂：善惡之原皆由乎思。一為思始而當夜，拒善而納惡，故失正類。二為思中而當晝，拒惡而內善，故幽正。

葉子奇曰：初以陰柔，不明于德，反拒郤其在內之善人。一善人去，眾善人懼，宜其失貞正之儔類也。蓋君子去則小人進矣。

陳本禮曰：水，夜。

鄭維駒曰：大者正貞也，大者壯類也，初以陰格陽，失貞則不正，失貞之類則不壯矣。

鈴木由次郎曰：三月二十六日，夜，水。拒其親戚之善人，而接近惡人，失去正直之友，內心卻無省察。

測曰：格內善，不省也。

范望曰：失其親屬，故中外之親不見循理也。省，循（者）也。

司馬光曰：范本宵作省，今從諸家。

葉子奇曰：省，察也。

文字校正：格首初一測辭：「格內善，不省也」（范注本），《集注》本作「中不宵也」，按：當作「中不肖也」。《集注》於「中」字無校語，是宋時范本猶有「中」字，故司馬光無異同可言。中即內善之內，可為其證。范注：「故中外之親，不見循理也」，是范本原當有「中」字，故曰「中外」。范本作「省」，注曰：「省，循者也」，於義不通，不可從。「肖」與次二測辭「幽貞妙也」之「妙」為韻，作「省」則不合韻，可證當作「肖」。《集注》：「范本『宵』作『省』，今從諸家，吳秘曰：『宵』與『肖』同」，《集注》又引《漢書》「人宵天地之貌」，

又引宋衷：「宵，類也，類，法也」，知司馬光不從范本作「省」，是，然作「宵」、訓宵為類為法亦非，肖者善也，不肖者謂不善也，《老子》：「若肖久矣」，王注：「肖，善也」。賈誼《新書·修政語》下：「行者惡則謂之不肖矣」，贊辭：「格內善，失貞類」，謂格拒內善，失去貞正之類，故測辭：「中不肖也」，謂內中不善也。贊辭測辭文意正相符合，可為證。又，次二贊辭：「格內惡，幽貞」，測辭：「格內惡，幽貞妙也」，辭意與初一相反，謂格拒內中之惡，而得幽中之貞妙也，幽即中，妙即善、好，亦可反證初一之意。若依范本作「省」，則皆不對矣，「省」當為「肖」字形訛。

次二：格內惡，幽貞類。

范望曰：惡謂一也。一在於內，一水二火，來克於二，故言內惡，若惡親也。親之惡者，格而去之，以明正道，無所阿也。

司馬光曰：范本作幽貞類，今從諸家。幽者內潛於心之謂也。

葉子奇曰：二在思之中，晝之陽，是能拒郤其在內之惡人。一惡人去，眾惡失據，宜其得幽貞之儔類也。小人去則君子進矣。

陳本禮曰：火，晝。昔之禍水謂飛燕合德，今之禍水則太皇太后也。

鈴木由次郎曰：三月二十七日，晝，婁八度，火。內惡，內指初一，一在內，為水，克於次二之火。拒內（指初一）之惡，暗執正道。（鈴木所用正文無類字）

文字校正：格首次二：「格內惡，幽貞類」（范注本），《集注》本作「幽貞」，「貞」下無「類」字。按：「類」字無理，《集注》本是。「類」涉初一「失貞類」而衍。幽謂內也，謂格去內中之惡，故曰幽貞。若有「類」字，則不辭矣。測辭：「格內惡，幽貞妙也」，謂其貞正美善也，亦無「類」字之義，是其證也。

測曰：格內惡，幽貞妙也。

范望曰：妙，美善也。不阿其親，正道之妙也。

陳本禮曰：漢以火德王而水克之，內惡者，禍起於宮闈也。妙者，格之之謂也。

鄭維駒曰：妙同眇。

次三：裳格鞶鉤，渝。

范望曰：革帶曰鞶，鉤所以屬鞶也。渝，解也。裳垂其帶，故鉤解也。三在下體，下體之帶，故言裳也。

司馬光曰：二宋、陸本制作製，王作掣，今從范本。范曰：革帶曰鞶，鉤所以屬鞶也。王曰：鞶鉤所以束其衣裳，而反格拒之，故當渝變而失宜也。光謂：三居下體，故曰裳。三為下上而當夜，臣拒君命，不受約束，必有變也。

葉子奇曰：鞶鉤，帶鉤也。渝，變也。凡衣裳必束之以帶，今拒鞶鉤而不束，豈非變其常體乎？三過中在陰，故變也。

陳本禮曰：木，夜。

鄭維駒曰：坤為裳，乾為圜為金，故為鞶鉤。鞶鉤所以束身而制裳者也。今以伏坤之裳格乾之鞶鉤，則地不統於天，非天地正大之情也。失貞故渝，裳在下，帶下垂，三在要，故下。

鈴木由次郎曰：三月二十七日，夜，木。鞶，革帶。鉤，繫革帶之物。渝，變。衣裳格拒帶與鉤，帶鉤不能相繫而束衣，則衣裳亦不能致其用。此乃不能節制其身之喻。

測曰：裳格鞶鉤，無以制也。

范望曰：鉤帶俱解，故無以制節其身體者也。

葉子奇曰：制，束也。檢身不以禮則失身，治國不以道則失國矣。

陳本禮曰：制，束也。鉤帶俱解，無以節制其身體也。

次四：畢格禽，鳥之貞。

范望曰：畢，罔也。西方之宿，畢取象焉。羅畢取鳥，不破卵覆巢，故為正也。

司馬光曰：范曰：畢，罔也。光謂：四為下祿而當晝，君子之始得位者也。得位則可以用法正邪而禁暴矣。

葉子奇曰：畢，網也。人之設網在于張捕禽鳥，君之設刑在于禁制萬民，今網拒而不張，猶刑設而不用。刑而至于無刑，刑措極矣，可不謂貞乎。

陳本禮曰：金，晝。畢，網罟也。仲春正鳥獸孳尾之時，網罟格而不張，則羽者嫗覆，毛者孕育，胎生不殰，卵生不殈，眾庶熙熙，各得保其性命之正也。故曰禽鳥之貞。

鄭維駒曰：四為金，屬乾，兌大壯內乾，互兌又重兌，象《月令》孟秋鷹乃祭鳥，季秋田獵祭禽於四方，皆以順金氣也。今張設小網以格禽，使之有所懼，守其正，不罹於法，是於肅殺之中，行其好生之德，天地正大之情見矣。

鈴木由次郎曰：三月二十八日，晝，婁九度，雷乃發聲。金。畢，網，捕禽獸之器。仲春之時，鳥獸繁殖，拒其張網，此得鳥獸順利繁殖之正道。

劉按：其正文作獸，不作鳥，斷句為畢格，禽獸貞。然測辭作畢格禽，正法位，則知贊辭斷句處。

測曰：畢格禽，正法位也。

范望曰：以道取之，故法位正也。

葉子奇曰：正法位，言以道化天下，不用刑也。

鄭維駒曰：正其嚴肅之法，秋金之位也。

次五：膠漆釋，弓不射，角木離。

范望曰：五為天子，漆釋喻不密，《易》曰：君不密則失臣，此之謂也。弓以喻臣，角以喻身，家性為格，故相乖離，君臣相失，如弓不發也。

司馬光曰：射，食亦切。王曰：物相合者莫若膠漆，角木之為弓，格而離之，其可射乎。光謂：五性信，又為膠為漆為弓矢。格者，物相拒不合之象也。弓以膠漆附合角木，故可射。君以信固結臣民，故可使。五以小人而居盛位，不能以信結物，上下離心，故曰膠漆釋，弓不射，角木離。

林希逸曰：膠漆既開釋，則弓不可用矣。何者，弓之角與木，已離不合矣，言人心無所固結，豈能用以禦難？

葉子奇曰：弓，器也，所以為用。五，君位，在陰，而失其所用，如弓之不射，膠漆既解釋，而角木亦分離，雖欲用之，其將能乎。

陳本禮曰：土，夜。

鄭維駒曰：弓不射則不能張弛，角木離則不相附麗，而其故實由於膠漆之釋，蓋土失其粘膩之性，至於物相乖離，以喻君德不固，下有違心也。

鈴木由次郎曰：三月二十八日，夜，土。弓以膠漆而粘合角木，始能成其用。膠漆溶釋而不得用，角木不得粘合，弓則不成，其功能亦不得用。此言不能以信相結，則上下心離散。

測曰：膠漆釋，信不結也。

范望曰：君臣相失，故信不結固也。

葉子奇曰：君不信，則民心離也。

次六：息金消石，往小來奕。

范望曰：奕，大也。美稱金，惡稱石，金生水，善畏〔長〕惡除，故小去大來也。

司馬光曰：范曰：奕，大也。王曰：所息者金，所消者石，所失者至小，

所得者光大。光謂：息，生也。生金而消石，以美拒惡之象也。六為上祿而當晝，君子道長而消小人者也，故曰往小來大。

林希逸曰：息，生也。金生而石消，善長而惡消也。所去者小，所來者奕奕矣。言遷善改過，則其德日盛也。

葉子奇曰：息，生也。奕，大也。金美石惡，六以剛陽，迺能生其美而消其惡，豈非所往者小，而所來者大乎？

陳本禮曰：水，晝。息，生也。消，耗也。息金謂水生於金，消石謂水耗於石，石性堅不滲水，是水為石所消者。小而受金，所息者大也。故曰往小來奕。

鄭維駒曰：金類為石，石雖堅不如金，今乾金自初息至四五爻，方受格兌，金又將生焉，是石且失堅，況其柔者乎？蓋自泰而後，大之來者益來，小之往者益往，壯何如哉？大壯四爻，陰陽之交，故言消息，《玄》以三贊準易二爻，於此益信。

鈴木由次郎曰：三月二十九日，晝，婁十度，水。息，生。消，消耗。奕，大。次六為禍之大，次六之水生於次七之金（水由金生），而消耗於石（石堅而水不能滲透）。此為往者小，而來者大。生我者厚，消我者薄，其美日積而大。

文字校正：格首次六：「息金消石，往小來奕」（范注本），《集注》本「奕」作「奕」。按：當作「奕」，《集注》於此字無校語，知二本原無異文。范注：「奕，大也」，《集注》本引亦作「奕」，是范注本、《集注》本原皆作「奕」之證也。《說文》：「奕，大也，弈，圍棊也」，知「奕」「弈」二字也，范注訓大，可證其本原作「奕」。測辭：「息金消石，美日大也」，大正承贊辭「奕」字而言，亦可證。

測曰：息金消石，美日大也。

范望曰：小往大來，故曰大也。

陳本禮曰：金美石惡，生我者源源而來，耗我者薄薄而往，故其美日積而日大矣。

次七：格其珍類，龜綱厲。

范望曰：厲，危也。七為失志，高亢其位，故印綬危。龜為印，綱為綬，謂小綬也。

司馬光曰：絓，古蛙切。范曰：龜為印，絓為綬。光謂：君子以善類自正，故能保其福祿。七為綬，又為禍始而當夜，小人拒善類而不受者也。拒其善類，則拒其福祿也。棄善失祿，危孰甚焉。

葉子奇曰：絓音瓜。龜，印也。絓，綬也。七居禍在陰，是其上之人不能任賢，反格其珍善之類，能不為爵祿之危乎。

陳本禮曰：火，夜。絓音瓜。

鄭維駒曰：七得陰時不能從陽，而反格陽之進，以是處高位，佩其龜絓，屬之道也。離為龜為綬，七為火，故取象於離。

鈴木由次郎曰：三月二十九日，夜，火。龜，印文，絓同綬，指印綬。龜絓，指帶有印綬的高位者。屬，危。上位之人不能用賢人，拒而不受理應珍重之人。於是其帶印綬的高位必然危險。

測曰：格其珍類，無以自匡也。

范望曰：乖於其官，故無以自匡輔也。

鄭維駒曰：嫉正，故不能自正。

次八：格彼鞶堅，君子得時，小人賜憂。

范望曰：八為君子，九為小人，君子在位，不畏彊禦，故革鞶堅也，謂格九而上也。小人在位，以治其憂，故否也。

司馬光曰：王本鞶作磐，今從諸家。賜，音剔。

葉子奇曰：賜，他歷切。鞶堅言其為鞶之革堅也。格其鞶堅，言拒其爵命而不為也。八以剛陽，逢時之禍，見幾而作，浩然有投簪掛冠之志，是格鞶堅也。蓋君子失位則良，故得時。小人失位則喪，故賜憂。是以君子處困而亨，小人處困則否也。

陳本禮曰：木，晝。賜，他歷切。八以陽剛而在格世，能以剛直拒人而不畏彊禦者也。正君子行義達道之時，然在禍中，被小人暗中傷賜，不能有為，故否。

孫澍曰：鞶，大帶也。堅猶言精好，易：或錫之鞶帶，《左傳》桓二年：鞶帶旒纓，《詩》曰：垂帶而屬是也。次八當日之晝，小人道長，君子雖得時，不能剔除讒慝盡淨，故否。董江都學醇粹矣，遭遇漢王，使相驕王，終弗馴致大用，是誼不得行也。

鄭維駒曰：彼指小人，言格彼小人，用乾之鞶堅，君子道長，小人之所以否也。

鈴木由次郎曰：三月三十日，晝，婁十一度，木。鞶堅，革帶堅。指有權力之奸人。剔，除。剔憂，除憂。拒彼有權勢之奸人而不恐，君子（次八）以時行義，能達於道。但小人（上九）憂之而除次八之君子，故於君子不利。

文字校正：格首次八：「格彼鞶堅，君子得時，小人鬄憂，否」（范注本），《集注》本同范本，王涯本「鞶」作「磐」，按：字當作「磐」。《文選‧海賦》注引《聲類》：「磐，大石也」。《易‧漸》：「鴻漸于磐」，虞注：「聚石稱磐」，王注：「磐，山石之安者也」，磐為大石，故有堅義、安義。《太玄》此以「磐堅」連文，以其義近也。作「鞶」者，乃涉次三「裳格鞶鉤」而誤。范注：「革帶曰鞶」，《說文》：「鞶，大帶也」。是「鞶」與「堅」字無涉，知當作「磐」，不當作「鞶」也。

格首次八：「格彼鞶堅，君子得時，小人剔憂，否」（范注本），《集注》本「剔」作「鬄」，范本《釋文》作「剔，他曆切」。「鬄」字《太玄》凡三見，增首次八：「兼貝以役，往益來剔」，范本、《集注》本皆作「剔」，而范本《釋文》作「鬄，他曆切」。夷首首辭：「陽氣傷鬄，陰無救瘣，物則平易」，范本作「剔」，《集注》本作「鬄」，按：字皆當作「鬄」，「鬄」或寫作「剔」，如《道藏》本。「剔」（此字易上有彡），實即「鬄」字，乃後起俗體字。《太玄》原文，范本《釋文》作「鬄，音他曆切」，《集注》增首作「剔，他曆切」，格首「鬄」音剔，夷首「鬄」亦音剔。《說文》「鬄」「剔」，大徐皆為他曆切，可知范注本、《集注》本原皆當作「鬄」也，故《集注》於此字無校語。「鬄」字之義二家所注亦異，增首范注：「剔，憂也」，《釋文》：「鬄，除也，以刀除髮」，《集注》：「剔，削也」，格首范注：「以治其憂」，訓為治，《集注》闕文。夷首范注：「剔，剔除也」，《集注》：「宋曰：『鬄，去也』，陸曰：『而鬄除之』，光謂：『鬄，鬄髮也』」。按：《說文》：「鬄，鬄髮也，從髟，從刀，易聲，鬄，鬄髮也，從髟，弟聲，大人曰髡，小人曰鬄，盡及身毛曰鬄」。是「鬄髮」之義為其本義。「鬄」又通「剔」，《釋名‧釋首飾》：「鬄，剔也，剔刑人之髮為之也」，《說文》：「剔，解骨也」。「鬄」、「剔」引申而有解除消去之義，故范注、《集注》或訓除、或訓削、或訓去也。解除削去，皆治之義，故「剔」引申而有治義。《詩‧抑》：「用逷蠻方」，鄭箋：「逷，治也」，《澤水》：「狄彼東南」，鄭箋：「剔，治也」，「鬄」與「剔」通，故亦可訓治。格首次八范注：「以治其憂」，即用此義。古之人以為身體髮膚受之父母，不敢毀傷，故以「鬄髮」為「髡完」之刑，《漢書‧刑法志》：「完者使守積」，注：「完謂不虧其體，但居作也」，《惠帝紀》：

「皆完之」，注引孟康：「完，不加肉刑髠鬚也」。《釋名》：「鬚，剔刑人之髮為之也」，是古以「鬚」為用刑之證。而「鬚」者，盡其身毛也，此又「髠完」之刑之尤重者也。「鬚」既為刑，故可訓誡，增首范注：「鬺，憂也」，當即據此而言也。然則「鬚」字之義當視其文而定，並無一定不變之解。格首次八：「小人鬺憂」者，蓋小人治憂也，君子得時，小人治憂，治憂而否，意謂小人有憂而不可解治也。君子得時，故小人失勢而憂，雖治之而不得解除，終為否也。格首次八辭例當休，故曰「君子得時，小人治憂，否」。

測曰：格彼鞶堅，誼不得行也。

范望曰：九品有序，誼不得妄所行也。

陳本禮曰：鞶堅謂權奸比黨如鞶帶之堅也。君子被其暗鬺，故誼不得行也。

鄭維駒曰：君子正其誼，故小人不得行。

上九：郭其目，鱎其角，不庳其體，撲。

范望曰：撲，擊也。九為角，七為目，九當見格，而不卑身以免於難，而反郭目，故體（不）免也。

司馬光曰：鱎，音矯。撲，蒲角切。范曰：撲，擊也。王曰：郭目，張目也。鱎角，高其角也。光謂：格者用壯拒物者也。九居上之上，用壯之極，逢禍之窮，當日之夜。小人張目高角，以拒於人，不卑其體，故為物所擊，還自傷也。

鄭氏曰：鱎，《集韻》音矯，引《太玄》鱎其角，云：角高貌。庳讀作卑，以體貌言則音卑，以形勢言則音婢。撲，舊音電，注云：擊也。

葉子奇曰：郭音廓，義同。鱎，居少切。撲音電。廓，大也。鱎，剛健貌。撲，擊也。九居高極，而當格之終，邇郭大其目，謂廣其視也。鱎健其角，謂尚其剛也。廣其視，尚其剛，曾不自庳其體，寧無撲擊之傷乎？戒其驕亢也。

陳本禮曰：金，夜。郭同廓。郭，張目也。鱎，高昂也。撲，擊也。九屬金，故尚剛。

孫澍曰：周公之才之美，驕吝尚不足觀，矧又小人面目可憎乎？其撲也自取之也，故求道者常自卑以下人。

鄭維駒曰：大壯上為震，震必有電，離為電為目，故震上六云：視矍矍，此云郭其目也。郭其目則自大，鱎其角則自壯，不庳其體，以小弱臨大壯也，其受撲也宜。

鈴木由次郎曰：三月三十日，夜，金。郭同廓，張也。觰，高。庳，下。撲，擊。張其目，高其角，而拒人。不知謙遜以求免難，則反被對手打擊而受傷。

文字校正：格首上九：「郭其目，觰其角，不庳其體，撲」（范注本），《集注》本「撲」作「撲」，范注：「撲，擊也」。《說文》無「撲」字，有「撲」，曰：「挨也，從手，美聲，挨，擊背也」。「撲」又通「攴」，《說文》：「攴，小擊也」。「撲」「攴」，古皆屬滂母屋韻字，故可通。《集韻》：「攴，或作撲」，可證。然則訓擊者當為「撲」也。《方言》三：「撲，盡也，聚也」，義亦與此贊之意無涉，且周祖謨氏《校箋》以為「撲」乃「樸」之訛，其說是。「撲」恐「撲」之後起異體，其出甚晚，字書多不載，至《字鏡》始載「撲」字，曰：「薄角反，擊也，打也，投也」，音與《說文》大徐所附「撲」之蒲角切相同，知其所出甚晚，必為楊雄所未見，然則《太玄》不當作「撲」。「撲」字《太玄》另有一見，傒首上九：「傒尫尫，天撲之額」，范本及《集注》本皆作「撲」，此首《集注》本亦作「撲」，而二首《集注》皆無校語，知宋時范本猶作「撲」也。

測曰：郭目解角，還自傷也。

范望曰：不遜求免，故曰〔自〕傷也。

陳本禮曰：此則活繪出莽形似牛也。莽侈口蹙頤，露眼赤睛，大聲而嘶，長七尺五寸，好厚履高冠，以氂裝衣，反脣高視，矖臨左右。時有問莽形貌於待詔者，待詔曰：莽鴟目虎吻，豺狼之聲，能食人，亦當為人所食也。迨後漸臺果為漢兵所殺，節解臠分，傳首懸宛，百姓共提擊之，或切其舌，此所謂還自傷也。

文字校正：格首上九測辭：「郭目解角，還自傷也」（范注本），《集注》本「解」作「觰」，盧校：「『觰』訛『解』」，吳汝綸曰：「范本作『解』」，按：當作「觰」，范本作「解」，乃「觰」之形訛，盧校是，吳氏尚未知其正。上九贊辭，范注本、《集注》本皆作「郭其目，觰其角」，知測辭「郭目觰角」乃贊辭之省括，字當作「觰」。

夷

☰ **夷：陽氣傷𭂘，陰無救痍，物則平易。**

范望曰：一方三州二部二家，天玄，陽家，五土，中中，亦象大壯卦。行

屬於土，謂之夷者，春分氣也，於四分一，息卦為大壯，陽升在四，去天正朔旦日。剔，除也。瘣，病也。言此時陽氣上在天，下除去除〔陰〕病，故萬物平易而長，（故）謂之夷。夷，平也。夷之初一，日入婁宿十二度。

章詧曰：準大壯。今準震，陽家。邵準豫。

司馬光曰：陽家，土，準豫。入夷次三，日舍胃。夷，傷也，平也。不傷於物則不能平矣。舊準大壯，非。剔，音剔。瘣，戶悔切。宋曰：剔，去也。陸曰：陽氣壯，故夷傷陰而剔除之。瘣，病也。為陽所傷，故病也。萬物無陰害，故平易也。光謂：剔，鬎髮也。大人曰髠，小兒曰鬎，盡盡身毛曰剔。陽氣剗剔群陰，陰不能自救其病，然後物得生殖而平易矣。

林希逸曰：準大壯，傷也。

陳仁子曰：夷者陽盛而萬物平也。凡成位育之功用者，皆有堅凝之器重，輕則不足以過邪氣而鎮物，小則不足以養生意而成物，故格者喜其拒扞群陰，烈如爐火而不可干，夷者表其平秩萬物，坦如通衢而不能傷。《玄》兼二首以象大壯，先以格，繼以夷，自中夷無不利，至夷其牙、夷其角，皆陽之壯而能也。至於《月令》安萌養少存孤，其人力哉？

葉子奇曰：瘣，胡罪切，瘣，病也。言陽氣盛甚，其剪賜于陰，傷于大甚，陰衰無以救其病，物則平夷也。夷之初一，日入婁十二度。

陳本禮曰：陽家，五，土，中中，卦準大壯。《傳》：夷，傷也。瘣，病也。剔，鬎也。大人曰髠，小兒曰鬎。此時陽氣壯盛，剗鬎群陰，陰被傷剔，不暇自救，何敢虐民？故物亦各改格而平易矣。

孫瀜曰：夷準豫，陽出地上厲，君子以順動，而天下夷易。

鄭維駒曰：古訓壯為傷，此首云陽氣傷剔，舊準大壯是也。夷者傷也，平也，易也。此兼有其義。大壯之時陽若傷於陰而傷自除，陰雖附於陽而不能自救，物之生自平易也。羸其角而終不羸，故傷剔。案：陸氏《釋文》大壯下引馬云：傷也，《方言》曰：凡草木刺人，北燕朝鮮之意謂之策，或謂之壯。郭璞云：今《淮南子》亦呼壯為傷是也。故又以夷象大壯。

孫詒讓曰：范注云：瘣，病也。案：《爾雅·釋木》云：瘣木苻婁，郭注云：謂木病，尫傴瘻腫無枝條，即此瘣字之義。救讀為朻，即《釋木》之下句曰朻也。《山海經·海內經》云：建木下有九朻，郭注云：朻盤錯也。朻與救聲近字通，無朻曲瘣腫即平易之意。

鈴木由次郎曰：第二十三首，陽，五土，一方三州二部二家。夷，傷，又

為平。贊辭用此兩義。鬎，剃髮，除去。瘣，病。陽氣壯，夷傷陰氣，而除去之。陰氣不能自救其病。故萬物受陽氣而繁殖，得平安。

文字校正：范注：「亦象大壯」，《集注》：「準豫，舊準大壯，非」。按：當準大壯，準豫非是。《易‧序卦》：「故受之以大壯」。韓注：「陽藏陰消，君子道勝」。夷首首辭：「陽氣傷鬎，陰無救瘣，物則平易」。陸績：「陽氣壯，故夷傷陰而鬎除之。瘣，病也。為陽所傷，故病也，萬物無陰害，故平易也」。司馬光曰：「陽氣劉鬎群陰，陰不能自救其病，然後物得生殖而平易矣」。此即陽盛壯而傷陰，物故平易之意，與《易‧大壯》之義合，可證當準大壯也。豫，樂也，《太玄》以樂首準豫卦，而夷首陽盛傷陰，與豫樂之義不合，亦證不當準豫也。

初一：載幽貳，執夷內。

范望曰：夷，平也。載，始也。幽，心也。貳，業也。水性平易，中表如一，故言夷內也。

司馬光曰：范曰：載，始也。光謂：一為思始而當畫，發慮之始，幽而未顯。貳謂義利也。二者交爭，君子能取義而捨利，執坦夷之心，養浩然之氣，自得於內，無求於外者也。子夏曰：吾戰勝，故肥。《法言》曰：紆朱懷金之樂也外，顏氏子之樂也內。

葉子奇曰：夷字兼二義，傷也，平也，蓋剪蕩以平治之之謂也。載，承任也。幽，深也。貳，疑慮也。一在夷初，屬思之始，故能任其深遠之疑慮，知先守其治內之道也。蓋治莫先于治內，蓋身脩則家齊，家齊則國治，國治則天下平也。

陳本禮曰：水，畫。載，始也。水在土世，生即被克，貳，人陰懷二心者。執夷內者，執一以平其內，則曩之助陰而與陽拒格者，皆革面洗心而從陽之化矣。

鄭維駒曰：乾不貳，始在幽，亦玄黃雜，故貳初能法乾之易，執而不失，則貳者一矣。

鈴木由次郎曰：三月三十一日，畫，婁十二度，水。載，始。貳，二心。或從於陽，或從於陰。始在暗中抱有二心，今則執一而從陽之化育，心已平安。

文字校正：夷首初一：「載幽貳，執夷內」。范注：「幽，心也，貳，業也。」《集注》：「發慮之始，幽而未顯，貳謂義利也」。按：《太玄》此「幽」既謂心，又謂隱而不顯。范注、《集注》各得其一。「貳」字當從《集注》之訓。《玄告》：

「天以不見為玄，地以不形為玄，人以心腹為玄」。又曰：「天奧西北，地奧黃泉，人奧思慮」。《說文》：「玄，幽遠也，黑而有赤色者為玄，幽而入覆之也」。《後漢書・馬融傳》注：「玄猶幽也」，《文選・文賦》注引字書：「玄，幽遠也」，《書・舜典》：「玄德升聞」，孔《傳》：「玄謂幽潛」，《荀子・正論》：「上周密則下疑玄矣」，注：「玄謂幽深難知」，《解蔽》：「水埶玄也」，注：「玄，幽深也」。「疑玄之時」，注：「玄亦幽深難測也」，《後漢書・馮衍傳》下注：「玄者幽寂之謂也」，《太玄・玄數》：「神玄冥」，范注：「玄取其幽微」，《漢書・王褒傳》《集注》引張晏：「奧，幽也」，是玄、奧、幽義通，皆可訓心腹思慮也。此首范注：「幽，心也」，遇首：「幽遇神」，范注：「幽，思心」，是其例。人之心腹思慮稱玄，言其幽奧，旁人不得知，故亦有隱而未顯、幽深難測之義。《集注》蓋即據此而言，其實與范注訓心相合而不違。貳，謂二也，故有不一、二心、兩屬之義。《廣雅・釋詁》四：「貳，二也」，《禮記・緇衣》：「長民者衣服不貳」，鄭注：「貳，不一也」。《左》昭十三年傳：「貳偷之不暇」，杜注：「貳，不壹」，《國語・晉語》：「從君而貳，何貳之有，是我以鼓教吾邊鄙貳也」，《周語》：「百姓攜貳」，《楚語》：「懼子孫之有貳者也」，韋注皆曰：「貳，二心也」，《左》隱元年傳：「命西鄙北鄙貳于己」，杜注：「貳，兩屬」。《太玄》「幽貳」之「貳」亦謂不一、二心也，《集注》：「貳謂義利也」，即此二心之兩屬者。范注：「載，始也」，是。「載幽貳」句，謂人心思慮之始，幽而未顯，其意或義或利，兩屬而不一也，故又曰：「執夷內」，夷者平易也，即首辭「物則平易」、測辭「易其內也」之平易也，內指心，內心平易即使思慮專一而平靜，若思慮不一，內心無定，即須執夷內以為準則也。范注：「貳，業也」，所訓非是。

測曰：載幽執夷，易其內也。

　　范望曰：易者夷平也，水之平正，內外可見也。

　　葉子奇曰：易，去聲，治也。

　　陳本禮曰：易，治也。易其內，此鬎群陰之妙法也。

次二：陰夷，冒于天罔。

　　范望曰：二為平人，在陰之位，陰自夷平，雖冒天罔，不為罪也。

　　章詧曰：二居夜，小人也，當平夷之世，獨以陰邪之道，而為事違義戾時，如冒天罔，雖天罔恢恢，然而疏大不可漏失之也，此贊咎之甚，范以為休，何迷耶。

司馬光曰：陸曰：天罔雖疏，不失惡也。光謂：二為罔，又，二為思中而當夜，小人為隱慝，陰傷於物，自以人莫能知也，然冒於天罔，天必誅之。《老子》曰：天罔恢恢，疏而不失。

葉子奇曰：罔、網同。二在陰，如小人以陰私而中傷于人，自謂奸譎詭秘人莫能知，可以逃于刑憲，然天道感應之理，未有微而不著，惡而不報者，終亦犯于天網而不免也。蓋惡無幽明之異，幽有鬼責，明有人非也。可不懼哉。

陳本禮曰：火，夜。二在陰而當夜，外若坦夷，內懷詭譎，陰謀不軌，自謂巧於得計，不知天道好還，天網高張，未有冒而不報之理。冒，干犯也。

鄭維駒曰：以陰夷陽，傷天道也。二為離火，離為罔。

鈴木由次郎曰：三月三十一日，夜，火。天罔，天網。《老子》曰：「天網恢恢，疏而不漏。」陰外面似平，而內懷二心，企求不正，而犯天網。天網雖疏，惡人不得逃漏。

測曰：陰夷冒罔，疏不失也。

范望曰：雖疏於罔，不失正平也。

葉子奇曰：《老子》云：天網恢恢，疏而不漏，正用此意。

陳本禮曰：《老子》曰，天網恢恢，疏而漏，可不懼哉？

文字校正：夷首次二測辭：「陰夷冒罔，疏不失也」，范注：「雖疏於罔，不失正平也」，又曰：「雖冒天罔，不為罪也」。按：范注非，依例此贊辭當為咎，而依范注則其辭不咎，知其非。《集注》：「陸曰：『天罔雖疏，不失惡也』，光謂小人為隱慝，陰傷於物，自以為人莫能知也，然冒於天罔，天必誅之，《老子》曰：『天罔恢恢，疏而不失』」。其說是也。吳汝綸：「此用《莊子》」，則誤《老子》為《莊子》矣。

次三：柔，嬰兒于號，三日不嚘。

范望曰：柔，和也。嚘，憂慕之聲也。號而不嚘，故知為嬰兒也。亦為多子兒之類也。三以柔和之性，處平易之家，故不憂也。

司馬光：二宋、陸、王本嚘作嗄，今從范本。號，胡刀切。嗄，所嫁切。嚘，於求切。王曰：嗄，氣逆也。光謂：嚘，聲變也。三為成意而當晝，君子含德之厚，至平以易，如嬰兒雖三日啼號而聲不變者，和柔故也。《老子》曰：赤子終日號而不嚘，和之至也。

林希逸曰：號，胡刀切。嗄，所嫁切，聲變也。嬰兒之啼，其氣和柔，雖三日之久而聲不變也。此用《老子》之意，言人能和平其心，則無所傷也。

葉子奇曰：嗄，失聲也。三屬木春時，當陽之盛，和之至也，如柔弱嬰兒之啼，至于三日而不失聲，由其和之至也。

陳本禮曰：木，晝。嗄，喉啞也。嬰兒，木根新發之柔條也。上畏金克，故于號也。三日不嗄者，家性屬土，木得母養，乳哺得所，故雖號而不至於嗄也。

俞樾曰：樾謹按：二宋、陸王本嗄作嚘，溫公從范本作嗄，然實以作嚘為長，蓋此贊三句，柔一字為句，嚘與柔韻，若作嗄，失其韻矣。《玉篇》口部：嚘，於求切，《老子》曰：終日號而不嚘，嚘，氣逆也。而今本《老子》亦皆作嗄，惟傅奕本作歑，尚為近之。

鄭維駒曰：三為仍孫，故曰嬰兒。兌為口，故號嗄。

吳汝綸曰：用《莊子》。范本嗄作嚘，嚘與柔號為韻，《釋文》出嚘，而附嗄字，疑一本作嗄也。劉按：用《老子》，非《莊子》。

鈴木由次郎曰：四月一日，晝，胃一度。嗄，泣而聲嘶啞。《老子》：「赤子終日號而不嗄，和之至也」。柔弱嬰兒泣號三日，聲不嘶啞。內心調和則聲不嗄嘶。

文字校正：夷首次三贊辭：「柔，嬰兒于號，三日不嗄」，范望《解贊》本、司馬光《集注》本皆作「不嗄」，誤。當作「不嚘」，「嗄」乃「嚘」之形訛。《集注》：「二宋（衷、惟幹）陸（績）、王（涯）本『嗄』作『嚘』，今從范望本。嗄，所嫁切，嚘，於求切，嗄，聲變也。《老子》曰：『赤子終日號而不嗄，和之至也』。」是《集注》本及司馬光所見范本皆作「嗄」。吳汝綸曰：「《釋文》出『嚘』而附『嗄』字，疑一本作『嗄』也（見吳氏點勘《《太玄》讀本》），吳說是。明萬玉堂范望《解贊》本據南宋張寔校勘本翻刻，其書避諱字如匡、玄、貞、恒、徵、敬等，止于宋仁宗，知張氏校本所據為北宋刻本。然則北宋時范氏《解贊》本此之文已有誤文，司馬光所見范本，當即此本，而有所不察。《集注》以為此贊化用《老子》之語，其說是。然其所引《老子》乃誤本。《老子》五十五章，王弼本作「終日號而不嗄」，河上公本作「終日號而不啞」（「啞」「嗄」古通），《莊子・庚桑楚》引《老子》作「終日號而嗌不嗄」，此作「嗄」「啞」者皆非《老子》舊文，司馬光所據恐即王弼本。1972年長沙馬王堆出土帛書《老子》，甲本作「終日號而不发」，「发」

即「憂」字之省，猶帛書《老子》甲本五十一章「莫之尉而桓自然也」一句，其「爵」之省作「尉」也（帛書乙本、傅奕本皆作「爵」）。「憂」讀為「噯」，乙本正作「噯」，傅奕本作「歕」，嚴遵《老子道德指歸》本作「噯」，《玉篇》口部：「噯，《老子》曰：『終日號而不噯，氣逆也』」，《集韻》尤部：「歕一曰氣逆，《老子》：『終日號而不歕』」，《莊子·庚桑楚》引《老子》作「嗄」，而《釋文》曰：「『嗄』，本作『噯』」。「歕」即「噯」字，從口從欠者古皆可通，《集韻》：「噯，通作歕」是也。以上各本諸書作「歕」「噯」者，足證《老子》原當作「噯」，謂氣逆也。楊雄乃嚴遵弟子，所著《太玄》，當用嚴遵本《老子》。《太玄》疑首次七之贊曰：「鬼魂疑貞，屬噯嗚」，范望《解贊》：「嗚噯，歕也」。《廣韻》：「咽噯，歕也」，《集韻》：「歐歕，嘅也」，《說文》：「咽，噯也」，知「歐」「歕」義通「噯嗚」。其字或作嗚呼、烏虖、歔唈，噯、咽、唈、嗚、歔、烏，一聲之轉，故皆可通用，此狀慨歎之聲，義謂氣也。《釋名·釋言語》：「嗚，舒也，氣憤懣故發此聲以舒寫之也」，噯訓氣逆，義亦謂氣。此皆與「嗄」之通「瘂」，義謂喉歔之病不同。《老子》《太玄》均當作「噯」，謂氣逆也，言雖久號而其氣不逆也，與喉瘖無涉。《老子》「終日號而不噯，和之至也」，《太玄》「嬰兒于號，中心和也」，《說文》：「憂，和之行也」，皆言和，知當作「噯」也。中心之氣既和，則其所發聲氣順暢而無阻逆，此亦「噯和」之義相應之證。然則「和」之與「嗄」無涉，亦可知矣。《太玄》「不噯」、「噯嗚」之用，其義相同，皆謂氣也。宋衷、陸績、王涯諸本皆作「噯」，范望《解贊》曰：「三以柔和之性處平易之家，故不憂也，嗄（當作『噯』），憂慕之聲也」，以「憂」訓「噯」，是乃音訓，且萬玉堂本所附《釋文》出有「噯」字，皆證范望《解贊》本其原文亦當作「噯」也。司馬光不從二宋、陸、王本作「噯」，又未見范氏不誤之文，反從范氏之誤文，且引《老子》誤本為證，是其一誤再誤，今宜以正之。

測曰：嬰兒于號，中心和也。

　　范望曰：三為五中，故中心和也。

　　陳本禮曰：群陰新歸王化，如嬰兒之得慈母，不致大受驚恐，故中心和也。

次四：夷其牙，或飫之徒。

　　范望曰：四為口，亦為金，口中之金，知為牙也。飫，厭也。夷，傷也。冒于飲食，而不知厭讓，故牙傷也。

章詧曰：四為夜，小人也。嗜食無厭，夷傷其牙，牙已傷矣，雖或飽飫而無所濟，徒，虛也，謂徒為也。故測曰食不足嘉美也。

司馬光曰：飫，依倨切。王曰：牙既平，無可以食。徒猶空也。或飫以食，徒空爾也。光謂：四為骨為齒，又為福始而當夜，小人貪祿以自傷者也，故曰夷其牙。牙傷則雖有美食不能食，適足飫其徒屬而已。

林希逸曰：飫之徒，猶曰飲〔飫〕食之人也。貪於食而至夷平其牙，所食雖多，亦不足貴。言不義而富貴，非吾徒也。

葉子奇曰：夷其牙，言傷于口體也。四為兌為金，然傷于口體之人，迺飲食之人也。飲食之人，則人賤之矣，何足美哉。

陳本禮曰：金，夜。牙以齧物，四為下祿而貪墨無厭，夷其牙，使其不能食，此亦懲貪之一法也。飫，飽食也。或飫之，無牙不能嚼，亦與飽食整吞之徒，同其囫圇而已。

俞樾曰：或飫之徒。樾謹按：王曰：徒猶空也，或飫之食，徒空爾也。此說於義未安。溫公謂雖有美食不能食，適足飫其徒屬而已。然按之經文亦未允協。測曰：食不足嘉也，豈謂有美食而不能食乎。徒蓋塗之假字，或飫之塗，即所謂嘑爾而與之行道之人不受者，故曰食不足嘉也。《列子·天瑞》篇：食于道徒者，道徒即道塗，故《釋文》曰：徒，道旁也，以徒為塗正與此同。

鄭維駒曰：互兌為口，四九為齒，噬乾胏得金矢，剛爻也，故艱貞而吉。四食祿之臣，陰柔而徒徇口腹，則有夷其牙而已矣。

鈴木由次郎曰：四月一日，夜，金。飫，飽食。傷其齒牙，雖有美食而不能食，故只有朋友得飽食。

文字校正：夷首次四：「夷其牙，或飫之徒」。范注：「飫，厭也。冒於飲食，不知厭讓」。《集注》：「牙傷則雖有美食不能食，適足飫其徒屬而已」。范以飫為厭，司馬光以徒為徒屬，二說皆非。《說文》：「飫，燕食也」，非正式之私宴謂之飫，《爾雅·釋言》：「飫，私也」，孫注：「飫非公朝，私飲酒也」。《國語·晉語》：「繹不盡飫則退」，韋注：「飫，宴安私飲也」。徒，當從王涯注：「徒猶空也」，《左》襄二十四年傳：「齊師徒歸」，杜注：「徒，空也」。《論語·陽貨》：「夫召我者而豈徒哉」，皇疏：「徒，空也」。《一切經音義》三引《聲類》：「徒，空也」。皆其例也。王涯注：「牙既平，無可以食，或飫以食，徒空爾也」。其說是。測辭：「食不足嘉也」。言酒宴雖美而不能食之，亦不足嘉之，意正與贊辭相合，可為證。

測曰：夷其牙，食不足嘉也。

范望曰：食而不讓，何善足嘉也。

陳本禮曰：無牙雖有佳殽美食，亦不足以見其嘉也。

次五：中夷，無不利。

范望曰：五為天子，處夷平之世，行中正之道，化流四海，莫不易利，故言無不利也。

司馬光曰：宋、陸本其道多作利其多，今從范、王本。王曰：中平以御於物，物所歸往，何不利之有乎？五既居中體正，得位當畫，是其中坦然平易也。光謂：五居盛位而當畫，能平易其心以待物者也，則物無遠近皆歸之矣。《易》曰：易簡而天下之理得矣。

葉子奇曰：五以陽剛居中，故中平無不利。

陳本禮曰：土，畫。五在土世，日見壅積，頑鈍蠢笨不靈，中夷者，夷其舊染之污，去其塵氛宿垢，俾靈明朗照，以之臨事，固無有不利者也。

鈴木由次郎曰：四月二日，畫，胃二度，始電，土。中夷，中心平。去除心之垢，則心平，以此接事，則萬事利。

測曰：中夷之利，其道多也。

范望曰：化利天下，故言〔道〕多也。

陳本禮曰：道謂綱常名教之道，以之事君，則為純臣而不入於叛逆，以之事親，則為肖子而不入於無賴，故曰其道多也。

次六：夷于廬，其宅丘虛。

范望曰：六水五土，土為水廬宅，水為土丘虛，夷傷其廬室，故宅為丘虛也。

司馬光曰：德者君子之常居也。六過中而當夜，小人始毀傷其德，喪其安居者也。

葉子奇曰：六陰而不中，其德亡矣。是平蕩其所居而成丘虛也，此其亡國之占乎。夷廬如《易》剝廬。

陳本禮曰：水，夜。廬以棲身，廬夷則宅不能獨存，六在土世，水為土克，故廬被夷也。君子修其身而德自庇，小人悖其道而物被傷，此固天理，毋庸怪其受禍於意外也。

鄭維駒曰：艮為廬，互兌伏艮不見，故夷於廬。

鈴木由次郎曰：四月二日，夜，水。傷其家。亡其居宅，而為丘墟。喻悖道而亡德。

測曰：夷干廬，厥德亡也。

范望曰：廬為德覆，而為丘虛，故亡也。

次七：幹（原作榦）柔幹（原作榦）弱，離木艾金，夷。

范望曰：夷，傷也。火附於木，而治於金，故金傷也。以正輔上，而協斷金，以治於民，猶火輔於木以治金也。

司馬光曰：宋、陸本測柔幹柔勝彊也，范本幹柔艾金弱勝彊也，王本幹柔弱勝彊也，小宋本柔幹之離柔勝彊也，今幹柔從王，柔勝彊從宋、陸本。艾，魚廢切。王曰：雖居過滿，而得位當晝，得夷之道，是能以柔弱之物夷平於堅剛也。光謂：離木如汲綆之斷井幹，艾金如越砥之利刀劍，以弱勝強，終就平夷者也。

葉子奇曰：艾音乂，艾，斬艾也。七居上之下，猶柔弱之幹，人甚易之，適遭木雖斬而刃亦傷，是以柔而反剛勝也。

陳本禮曰：火，晝。艾音乂。

鄭維駒曰：大壯二月卦，震木猶弱，而兌金又在其上，然木德方盛，至東南齊乎巽，得夏火以麗之，則兌金消爍，不惟不能勝木，且為木所勝，決去兌陰，遂至純乾矣。以陽剛言，故云息金，以卦氣言，故曰艾金，義各有當也。

鈴木由次郎曰：四月三日，晝，胃三度，火。幹，堪任其事。《易》蠱卦初六「幹父之蠱」，王注：「幹，堪其任也。」柔弱堪任。水桶之索可斷井欄之木，砥石可磨平刀劍。此喻柔善制剛，弱善勝強。

文字校正：夷首次七之贊曰：「榦柔榦弱，離木芰金，夷」，測辭：「榦柔芰金，弱勝彊也」（此據萬玉堂范望《解贊》本）。司馬光《集注》本「榦」作「幹」，「芰」作「艾」，「榦柔芰金」作「幹柔」，「弱勝彊也」作「柔勝彊也」，宋衷、陸績本測辭作「柔幹柔勝彊也」。宋惟幹本測辭作「柔幹之離，柔勝彊也」。據司馬光《集注》校語：「范（望）本測作『幹柔芰金弱勝彊也』」。今按：「榦」與「幹」通，當讀作「翰」，「芰」乃「艾」之形誤，謂斷也，測辭當作「幹柔芰金，弱勝彊也」。下文詳說之。《爾雅·釋詁》：「楨，幹也」，《釋文》：「本又作『幹』，又作『翰』」。《莊子·秋水》：「跳樑榦井榦之上」，《釋文》引司馬彪注：「榦，井欄也」。《文選·西都賦》注引《莊子》司馬彪注作「井幹

井欄也」。是乃「榦」「幹」互通之證。「幹」「翰」亦通,《爾雅・釋詁》:「翰,幹也」。《詩・桑扈》:「之屏之翰」,毛《傳》:「翰,幹也」,《崧高》:「戎有良翰」,鄭箋:「翰,幹也」,《易・賁》:「白馬翰如」,鄭注:「翰猶幹也」,《禮記・孔子閒居》:「為周之翰」,鄭注:「翰,幹也」,《漢書・郊祀志》下:「立神明台井幹樓」,李注:「幹或為翰」,其義並同。此皆「翰」「幹」互通之證。翰之義謂羽毛也。《說文》:「翰,天雞赤羽也」,《書・大傳》:「取白狐青翰」,注:「翰,長毛也」,《文選・羽獵賦》注引《書大傳》注作:「翰,毛之長大者」,《文選・陸士衡樂府日出東南隅行》注引《尚書大傳》注:「翰,毛也」,是皆其證。翰柔翰弱者,謂羽毛之柔弱也。「艾」字字書不見,此乃「艾」之形誤,《集注》本作「艾」,所引范望本亦作「艾」可證。范望本《釋文》出「艾」字,范氏《解贊》亦曰:「斷金以治於民」,皆其證也。艾與乂、刈、㐅諸字通。《釋名・釋長幼》:「五十曰艾,艾,乂也,乂,治也」,治事能斷割芟刈無所疑也。《荀子・王制》:「使民有所耘艾」,楊注:「艾讀為刈」,《漢書・郊祀志》上:「天下艾安」,李注:「艾讀曰乂」,又曰:「《漢書》例以『艾』為『乂』」,《五行志》中之上李注:「艾讀曰刈」,《書・皋陶謨》:「俊乂在官」,《漢書・穀永傳》作「俊艾在官」,《禮記・表記》注:「謂創乂」,《釋文》:「乂,本文作『艾』」。《詩・葛覃》:「是刈是濩」,《釋文》:「本亦作『艾』」。《小旻》鄭箋:「懲艾也」,《釋文》:「字或作『㐅』也」。《爾雅・釋詁》:「乂,治也」,《釋文》:「字亦作『刈』」,《釋訓》《釋文》:「『乂』本作『刈』」。是皆艾、乂、刈、㐅互通之證。其義蓋謂斷絕、治理也。《廣雅・釋詁》:「刈,斷也」,《漢書・五行志》中之上李注:「乂,絕也」,《左》昭元年傳:「國未艾也」,杜注:「艾,絕也」,《爾雅・釋詁》:「乂,治也」,《周書・諡法》:「艾,治也」,《詩・小旻》:「或肅或艾」,毛《傳》:「艾,治也」。《太玄・玄數》:「事言,用從,執義」,范望《解贊》:「乂治以佐從也」,《書序》:「威乂」,馬注:「艾,治也」,及《釋名・釋長幼》:「乂,治也」,治事能斷割芟刈無所疑也,皆其例證。此句贊辭范氏《解贊》:「斷金以治於民」,即用此義,其說是。艾金猶言斷金,而「離木」意同「艾金」,離亦訓斷絕也。《儀禮・士冠禮》:「離肺」,鄭注:「離,割也」,《禮記・學記》:「一年視離經辨志」,鄭注:「離經,章斷句絕也」,《國策・秦策》:「則是我離秦而楚也」,注:「離,絕也」,是其證。贊辭全意謂羽毛雖為柔弱,而能絕木斷金。此正柔弱勝剛強之義,故測辭曰:「弱勝彊也」。柔對剛,弱對彊,故曰「弱勝彊」。諸本作「柔勝彊」者,涉上文「幹柔」之「柔」

而誤也。范氏《解贊》本測辭作「幹柔艾金」，乃贊辭之省括，若作「柔幹」、「幹柔」，皆為不辭，不可取。宋惟幹作「柔幹之離」，乃以「柔幹」一語不辭，而以己意省括贊辭也，亦非《太玄》原文。宋衷、陸績本原亦當作「幹柔離金」，范本沿之，至宋時誤脫「離金」二字，誤倒「幹柔」而為「柔幹」。司馬光《集注》本不從范本而從王涯本以「幹柔」，與贊辭測辭文意皆有所未至，非是。

測曰：幹柔艾金，弱勝彊也。

　　范望曰：以懦得民，故勝也。

次八：夷其角，厲。

　　范望曰：秋則木廢，葉落歸本。鄂若角也。厲，危也。角而見夷，故危也。

　　司馬光曰：八為禍中而當夜，小人用威而傷，自危之道也。

　　葉子奇曰：八居上將極，剛于上進，是傷其角也。其為進也，已過甚矣，能無危乎。

　　陳本禮曰：木，夜。八以敗木而挺其枯枝，如牴牛之驕者，然而不知九金近在頂上。厲，危也。角不可恃，終必被夷也。

　　鄭維駒曰：互兌為爭，故稱角。八陰而用剛，故夷角而厲。

　　鈴木由次郎曰：四月三日，夜，木。仗恃其角，反而傷其角，危。喻用威反被人所傷。

測曰：夷其角，以威傷也。

　　范望曰：角而見傷，故夷角者也。

上九：夷于耇，利敬病年，貞。

　　范望曰：貞，正也。九為老極，而在夷世，世雖平易，養老乞言，傷於思慮，故言夷于耇也。恭敬守道，盡力為禮，故病。極年無愆，故貞也。

　　司馬光曰：陸曰：致仕而歸於鄉黨也。王曰：敬其衰病與高年，貞之道也。光謂：九為九十，又為極，君子老而辭位，自處平易者也。賢者以老病而歸，人君所當欽奉也。

　　鄭氏曰：敬病，注云：恭敬守道，盡力為禮，故病。按：恭敬守道，則志不淫，盡力為禮，則氣不亂，夫何病之有。聞之師曰：夷於耇，言衰老之人力傷而志平。利敬病年，貞，言於是謝病引年以全其貞，乃人所敬而身所利者也。注乖經旨，不足取也。

葉子奇曰：九居盡弊之地，是傷于老也。傷于老則利致，謹于病與年，庶得其正也。言當致事佚老，不可如鍾鳴漏盡而夜行不休也。懸車謂致仕，而懸其君賜之車而不乘也。鄉，時也。

陳本禮曰：金，晝。九為老金而居土世，土能生金，是老而不失其所養也。耆，老也。然傷於老，固不能如少壯之精神強健也。敬者謹慎其自己之病與年，慎寒暑，節飲食，少思慮，得壽考之正也。

鄭維駒曰：乾為敬為老，玄數九為九十，故稱耆。

鈴木由次郎曰：四月四日，晝，胃四度，金。耆，老。老而辭位，心歸平安。老人注意疾病與年齡，是得老人之正道，必有利。

測曰：夷耆之貞，懸車鄉也。

范望曰：致仕懸車，在鄉閭也。

陳本禮曰：懸車，致仕，退老於鄉里也。

鄭維駒曰：震初動，故壯於大輿之輹。動極而靜，故車可懸也。

樂

䷖ 樂：陽始出奧，舒疊得以和淖，物咸喜樂。

范望曰：一方三州二部三家，天玄，陰家，六水，中上，象豫卦。行屬於水，謂之樂者，春分氣終此首之次四，清明氣起於此首之次五。奧，暖也。疊，積也。言是時陰氣已消，陽氣息上，萬物暖暖積滯，舒生和淖，百卉莫不喜樂，故謂之樂。樂初一，日入胃宿五度。

司馬光曰：樂音洛。陰家，水，準豫。入樂次七三分一十八秒，日次大梁，穀雨氣應，斗建辰位，律中始洗。淖，奴教切，和也。清明之初，陽始發出幽奧，舒展疊積之物，皆得和淖而喜樂。

陳仁子曰：樂者陽盛而物欣榮也。夫樂以人，孰若樂以天，和氣一噓，百卉怒張，幾天乎，九五一飛，萬物咸覩，幾人乎。故陽在地中而雷未聲，則為復，樂之始也。陽奮地上而雷發聲，則為豫，樂之成也。《玄》自首周二十變而至於樂，樂其可知也已。鍾鼓管弦之和，民神禽鳥之般，蓋天籟自鳴，天機自動，而不知其所為使，所謂天也。

葉子奇曰：陽氣出幽奧而伸之，展積疊而暢之，物皆和淖而喜樂也。樂之初一，日入胃宿五度。春分氣終此首之次四，清明節起此首之次五。

陳本禮曰：樂音洛。陰家，六，水中上，日入胃，斗建辰，律中姑洗，清

明氣應，卦準豫。渟，和也。《士虞禮》嘉薦普渟注曰：德能大和乃有黍稷。《傳》：奧，土神也。在家為中霤，在野為社，立春後五戊為春社。陽始出奧者，奧神至此日，人方迎而出社，賽之田閭，所以祈求年穀也。舒疊，狀聚觀者之多。和渟者，《詩》：以社以方，我田既臧，琴瑟擊鼓，以御田祖，以祈甘雨，以介我稷黍，以穀我士女。故物咸喜樂也。

孫澍曰：豫故樂之，發散在外，《太玄》以君子志不滿，樂不極，淵冰生於宥密。

鄭維駒曰：震為出，舒疊，震疊而舒也。渟，和也，即《儀禮・士虞禮》嘉薦普渟之渟。

吳汝綸：舒疊得以和渟者，謂散者積者得陽氣皆和渟也。

鈴木由次郎曰：第二十四首，陰，六水，一方三州二部三家。奧通燠，暖。舒，伸。疊，重積。和渟，渟亦和。陽氣始發生，和暖而伸長，重積而相和，萬物歡喜。

文字校正：樂首首辭：「陽始出奧，舒疊得以和渟，物咸喜樂」。范注本、《道藏》本、《備要》本同，嘉慶本「疊」作「疊」，按：嘉慶本是，當作「疊」，《說文》晶部：「疊，楊雄說以為古理官決罪，三日得其宜，乃行之，從晶，從宜，亡新以為疊從三日太盛，改為三田」，是可證當作「疊」，不作「疊」。范注：「奧，暖也」，《釋文》出「粵」字，皆非是。《集注》：「清明之初，陽始發出幽奧」，訓為幽奧深奧之奧，其說是。出奧猶言冒出於地下。吳汝綸曰：「此句謂散者積者得陽氣皆和渟也」。此說誤。蓋以舒疊和渟謂物也。《太玄》本義乃謂陽氣舒晶和渟，疊謂陽氣往日未出幽奧之鬱積也，承上「奧」字，舒謂今日已出幽奧而舒散也，承上「出」字。陽氣既已出奧舒散往日之鬱積，故得和渟也（和渟謂陽氣），陽氣和渟，物得生長，故咸喜樂也。此贊當以奧、渟、樂為韻，奧屬覺部，渟、樂屬藥部，藥覺旁轉可通（用王力《同源字典》說），疊屬葉部，與藥部音遠不協，可為證也。

初一：獨樂款款，及不遠。

范望曰：水性淪下，一獨在下，不交於上，故獨樂也。款款，獨樂貌也。喜樂之事，與眾共之，所及不遠，故款款也。

司馬光曰：光謂：一為思始而當夜，小人獨樂其身，而不能與眾共之者也。

葉子奇曰：款款，晏安貌。一逢夜陰，家性為樂，是獨專一己之樂，苟徇目前其所及，豈能遠哉？

陳本禮曰：水，夜。款款，誠也。一在水世，汪洋自恣，然僅一社一方，澤不及遠，故民之報不及遠也。斗酒隻雞，亦僅供神之獨樂其樂而已矣。

鄭維駒曰：款款，委曲之意。

鈴木由次郎曰：四月四日，夜，水。款款，誠。小人專顧獨樂其身，其樂不及遠，不能與眾共樂。

測曰：獨樂款款，淫其內也。

范望曰：樂不及遠，故淫內也。

陳本禮：淫，溢也。世為內，樂其內之水，浩蕩而淫溢也。

鄭維駒曰：坎水為淫，款款之淫，樂於陰也。

次二：樂不可知，辰于天。

范望曰：火性炎上，而在樂世，故恒〔相〕喜而不知也。辰，時也。時於天時，以生萬物，亦所以為樂也。

章詧曰：二居晝，處樂之世，以樂失位，雖居其樂，不知其然而然者，蓋得自然之樂於天也，故測曰時歲也。

司馬光曰：陸曰：謂行德政使民歡樂，若天時然，使民不知政之所為也。

葉子奇曰：樂不知言，不知其所以為樂，是樂之至也。二為夏，是時當長養之天，蓋樂其至樂于可樂之時，時然後然也。

陳本禮曰：火，晝。三月建辰，辰，龍也。龍見而雩正，雩壇巫舞祈神賽禱之時，農民急於耕耨，不暇為樂，故雖有樂而不知其為樂也。

鄭維駒曰：樂之辰在人可知者也，惟辰於天而與時偕行，不惟人不知其樂，即己亦不自知其樂，是無樂亦無不樂也。

鈴木由次郎曰：四月五日，晝，胃五度，清明，火。辰，時。民努力耕作，喜樂其生活，其所以樂，在於以時而生萬物之天正常發揮其作用，而民並不知此。

文字校正：樂首次二：「樂不知，辰于天」（范注本），《集注》本作「樂不可知」，按：二本測辭皆作「樂不可知」，此測辭引贊辭之語，知贊辭亦當作「樂不可知」，范本誤脫「可」字。

測曰：樂不可知，以時歲也。

范望曰：事天以意，以樂歲事也。

鄭維駒曰：天地順動，故日月不過，四時不忒。樂以時歲，順天而動也。

次三：不宴不雅，嗥呱啞咋，號咷倚戶。

范望曰：三為進人，始當及時，未有官爵，故不宴遊有雅樂也。嗥呱號咷，皆憂聲也。三亦為戶，憂樂失節，故倚戶也。先憂後戲，知不雅也。

司馬光曰：王本嗥作嘄，今從諸家。嗥，古弔、五弔二切。啞，音厄。咋，音責。王曰：嗥呱啞咋，皆歡笑之聲也。光謂：宴，安也。雅，正也。三為成意而當夜，棄禮廢樂，沈湎淫泆。廢禮則不得其安，廢樂則不得其正，雖嗥呱啞咋，苟窮目前之樂，其憂患何遠哉。近倚戶外而已。《詩·魚藻》刺幽王，言萬物失其性，王居鎬京，將不能以自樂焉。

鄭氏曰：嗥，古叫字，從臬者誤。咋，側韋切，大聲也。號，亦作嘷，胡牢切。

林希逸曰：嗥，古弔切。啞音厄，咋音責，呱音孤，皆不樂之聲也。雅，雅樂也。不宴飲不用正樂，但嗥呱啞咋以度日，至於死亡，而號咷者倚戶矣。即今者不樂，逝者其亡之意。

葉子奇曰：嗥音叫。嗥呱，哀號聲。啞咋，悲歡聲。三陰而失中，無以為樂，既不宴樂，不雅歌則惟哀號悲歡號咷倚戶而已，其為憂戚之狀可知矣。

陳本禮曰：木，夜。嗥音叫。啞音厄。咋音責。不宴者，謂不設禮筵而群相聚飲也。不雅者，謂非投壺雅歌競唱巴人里曲也。既醉之後，或有時而嗥，或有時學小兒呱，或時而笑言啞啞，或時而大聲疾咋號咷者，載號載呶也。更有屢舞傲傲，倚戶而歌者，此借紛愉燕會，形容五侯驕恣，耽飲無度，蹾禮滅法，故曰禮樂廢也。

鄭維駒曰：互坎酒食，故曰宴。震為樂（惠定宇以為喜樂之樂，其實作樂之樂，亦震象也），故曰雅。震為善鳴，為響為音，故有嗥呱諸象。木類為戶，坤闔戶，互艮背，故倚戶。宴雅俱廢不同樂也。嗥呱交作，不獨樂也。止而倚戶，不能出而和淖也。

孫詒讓曰：范注云：三為進人，始當及時，未有官爵，故不宴遊有雅樂也。嗥呱號咷，皆憂聲也。《釋文》云：嗥，古弔切，又叫。案：依《釋文》則嗥與《說文》口部嘄字同（見前《說苑》）〔註17〕，《玉篇》口部無嗥字而有嘄字，云：古弔切，聲也亦作叫，又有嘄字，云五弔切，叫也，蓋嘄即嘄之變（變從

〔註17〕即孫氏《札迻》對《說苑·說叢》篇「雁悲鳴」句的考證：「案：此嘄高豪為韻，惟第二句鳴字不協。……以意推之，鳴當為嘄之坏字。《說文》口部云：嘄聲嘄嘄也，徐鉉引孫愐音古堯切，正與韻協，傳寫捝木形，遂成鳴字耳。」

梟為從県，聲同），嗥又嗥之譌也。不宴不雅，宴燕字同，禮經樂有雅有燕，言既非燕樂，又非雅樂，惟嗥呼作聲而已，故測云不宴不雅禮樂廢也。范注失其怡，司馬光釋宴為安，雅為正，云廢禮則不得其安，廢樂則不其正，尤誤。

　　鈴木由次郎曰：四月五日，夜，木。宴，安。雅，正。嗥呱啞咋，歡笑貌。號咷，號泣。心不安，身不正，只知飲酒而歡笑，倚戶而歌舞。此言禮樂廢。

　　文字校正：范注本樂首次三：「不宴不雅，嗥呱啞咋，號咷倚戶」，《道藏》本、嘉慶本同，范本《釋文》：「嗥，古弔切」，《備要》本「嗥」作「嘷」，王涯本作「嘷」，孫詒讓《札迻》：「依《釋文》則『嗥』與《說文》口部『嘷』字同，《玉篇》口部無『嗥』字，而有『嘷』字，云：古弔切，聲也，亦作『叫』，又有『嗥』字，云：五弔切，叫也，蓋『嗥』即『嘷』之變（變從梟為從県，聲同）」。孫說是，《集韻》：「県，通作梟」，是從梟從県互變之例，可為證。《說文》：「嘷，聲嘷嘷也」，此謂嘷呼也。吳汝綸曰：「范本『號』作『嘷』」，按：范本正文作「號」，《釋文》出「嗥」字，在呱、啞、咋字之前，知「嗥」乃「嘷」字異文而非「號」字異文也，如王涯本「嗥」作「嘷」之類是也。范本及其他諸本皆作「號」，並無異文，故《集注》不言之，亦可證也。吳以《釋文》「嘷」為「號」之異文，非是。范注：「嗥呱號咷，皆憂聲也」，王涯：「嘷呱啞咋，皆歡笑之聲也」，此二說亦非。《說文》：「呱，小兒嗁聲」，《詩‧生民》：「後稷呱矣」，《釋文》：「呱，泣聲也」，《說文》：「嘷，聲嘷嘷也。啞，笑也」。《易‧震》：「笑言啞啞」，《釋文》引馬注：「啞，笑聲」，《一切經音義》六引《字林》：「啞，笑聲也」，《漢書‧東方朔傳》《集注》：「咋，齧也」。《淮南‧修務》：「齗咋足以嚼肌碎骨」，高注：「咋，齧也」，蓋謂咬牙切齒之聲。范本《釋文》：「咋，詐也」，亦非。《說文》：「號，呼也，號，痛聲也，咷，楚謂兒泣不止曰噭咷」，《易‧同人》：「先號咷而後笑」，《釋文》：「號咷，嗁呼也」，《後漢書‧崔駰傳》注：「號咷，哀呼也」，《楚辭‧離世》：「孽子之號咷兮」，注：「號咷，讙呼」，然則嗥呱咋啞號咷者，既非皆憂聲，又非皆歡笑也，蓋謂或笑或哭，或呼或叫，或嗁或咋，各種噪雜之怪聲也，正與「不宴不雅」（孫詒讓曰：「既非燕樂，又非雅樂，惟嗥呼作聲而已」）、「禮樂廢也」（測辭語）之語相合也。

測曰：不宴不雅，禮樂廢也。

　　范望曰：憂樂不節，故廢之也。

　　鄭維駒曰：禮和為貴，大樂與天地同和，三不和，故禮樂廢也。

次四：拂其繫，絕其繀，佚厥心。

范望曰：四為公侯，繀，網也。佚樂之家，不謹禮節，故有網繫之事。金性剛直，拂而去之，上輔於五，故其心佚。

章詧曰：四居晝，君子也。金為兌，悅性於果決，處樂之世，能拂除其縈滯以佚其心，蓋知時義者也。故測曰心誠快也。范謂上輔於五，得臣之義，蓋迂說也。

司馬光曰：繫與系同。繀，戶圭切。拂，去也。繀維，網中繩也。四為條暢而當晝，君子志道，樂以忘憂，外物不能累，樂莫先焉。故曰拂其繫，絕其繀，佚厥心。

葉子奇曰：拂，去也。繫繀，拘絆也。四在福初，能樂其樂，一切削去其拘絆，舒放自適以樂其心也。

陳本禮曰：金，晝。繀音攜。是日社神出奧，士女聚觀，人皆和淖，故耕者輟其犁，耘者罷其鋤。繫，牽牛索。繀，絆笠帶。拂，除也。絕，落也。農既輟工，則凡所謂其笠伊糾，可以不煩絆帶而薅荼蓼也，牛亦得以解其繫而齕草田間也。故曰佚厥心，心誠快也。

鄭維駒曰：二七為絲為網，四為金，受火克，有繫繀於絲網之象，蓋繫繀者心之疾，絕其疾心乃佚也。心，互坎象。

鈴木由次郎曰：四月六日，晝，胃六度，金。繫繀，皆為繫縛意。又指繫囊之繩。君子志於道，樂而忘憂，拂去所繫縛之繩索，不受外物之累，其心無拘而自由。

測曰：拂繫絕繀，心誠快也。

范望曰：得伸臣節，故心快也。

鄭維駒曰：心不為火累，何快如之。

文字校正：范注本樂首次四測辭：「拂其繫絕繀，心誠快也」。《集注》本無「其」字，按：贊辭「拂其繫，絕其繀，佚厥心」，測辭「拂繫絕繀」，乃贊辭之省括，是范本涉贊辭而誤衍也。

次五：鐘鼓喈喈，管弦嘈嘈，或承之衰。

范望曰：喈喈，和聲也。嘈嘈，憂悲也。五為天子，當總理萬機，樂而無節，有似商紂牛飲長夜，衰承憂興，終以失位也。

司馬光曰：嘈，側皆切。嘈嘈，哀思之聲。五以小人而享盛福，恣其淫樂，樂極必悲，盛極必衰也。

鄭氏曰：《集韻》：嘻，莊皆切，笑貌。舊在諧切。按：嘻，嘗也，與注異，不可用。

葉子奇曰：嚌，在細切。喈喈嚌嚌，皆和聲。五為君而居樂之中，是以極其所樂之盛也。然樂極悲來，能不承之以衰乎。

陳本禮曰：土，夜。嚌音齋。五為土而在樂世，正奧神得時行樂之秋。喈喈，應田縣鼓聲也。嚌嚌，簫管備舉聲也。是時神既醉飽，鍾鼓送神。或承之衰者，社散人歸，廟壇寂寞，不知何時得再享此樂也。故云樂後悲也。

鄭維駒曰：震為響為音，故有鍾鼓管弦之象。作樂以薦上帝，配祖考，或用燕饗以盍朋也。否則喈喈嚌嚌，憂之者心且悲矣。即樂之者，將如之何哉？

吳汝綸曰：衰，喪服也。

鈴木由次郎曰：四月六日，夜，土。喈喈，鐘鼓相和之聲。嚌嚌，憂悲。鐘鼓管弦和奏，恣於歡樂，然歡樂盛極則必衰。歡樂極則多哀愁。

文字校正：樂首次五：「鍾鼓喈喈，管弦嚌嚌，或承之衰」，范注：「嚌嚌，憂悲也」。《集注》：「嚌嚌，哀思之聲也」。按：二說皆非，「鍾鼓喈喈，管弦嚌嚌」，皆言樂也，測辭：「鍾鼓喈喈，樂後悲也」，樂即承此二句而言，知二注非是。喈喈，和聲也（范注），嚌嚌，《文選·北征賦》：「鶤雞鳴以嚌嚌」，注：「嚌嚌，眾聲也」，「管弦嚌嚌」亦此義也，言管弦眾多，其聲噪雜也。嚌嚌，從口，齊聲，喈喈，從口，皆聲，喈喈通將將，將又訓齊，喈、皆、將，古聲相近，義皆可通。《說文》：「喈，鳥鳴聲，一曰鳳皇鳴聲喈喈」，《淮南·覽冥》：「軼鶤雞于姑余」，鶤雞為鳳凰之別名，鶤雞又作鵾雞，謂大雞，猶以鯤為大魚之名也，故鶤雞得為鳳凰之別名。《北征賦》：「鶤雞鳴以嚌嚌」，《說文》：「鳳凰鳴聲喈喈」，然則嚌嚌喈喈皆為鳳凰之鳴，其義為一亦可知也，此益證范注、《集注》之非。二家訓憂悲哀思，蓋涉下文「衰」、「悲」（測辭）之字而誤。「或承之衰」，范注：「衰承憂興」，《集注》：「盛極必衰」，吳汝綸曰：「衰，喪服也」。按：「衰」字之義，當以吳氏之訓為長。范注承憂之說，蓋據嚌嚌憂悲之義而來，嚌嚌非憂悲之義，前已詳之，此不必辯矣。鍾鼓喈喈，管弦嚌嚌，皆謂樂也，不謂憂，亦非謂盛，前則鍾鼓管弦，是為樂也，後則身衰首絰，是為悲也，此正相對為文，故測辭：「樂後悲也」，悲即承此衰服而言，與前鍾鼓管弦之樂為對，悲樂對言，與盛衰無涉，可知《集注》盛極必衰之說亦有不合，而盛衰之「衰」亦與「樂」字不對，皆可證也。

測曰：鐘鼓喈喈，樂後悲也。

范望曰：極樂憂興，故乃後悲也。

次六：大樂無間，民神禽鳥之般。

范望曰：般，樂也。宗廟之中，神人以和，故大樂也。天位施絕，血食不供，聖體不繼，故稱民神與禽鳥為樂也。

司馬光曰：般，蒲干切。王曰：六居盛位，當晝之時，為首之主。無間者，天地之間，萬物咸樂，人神鳥獸各遂其性而般游也。光謂：般，樂也。六為隆福，又為盛多，為極大，太平之君子兼利萬物，無有間異，民神禽鳥，靡不得所，樂孰大焉。四為下祿，獨善其身，六為上祿，兼利天下者也。

葉子奇曰：般，平聲。無間，無阻隔也。六居福之隆，樂之盛，故能推其樂以與眾同之，暢于六合之表，無有間隔，下則及于民，上則通于神，遠則被于昆虫鳥獸，無不有以與其樂也。此聖王至治之極功，所以躋斯世于泰和仁壽之域也。

陳本禮曰：水，晝。般，蒲干切。般，樂也。無間者，與民同樂也。大君者，天地民物之主，當此春壇報祀，濁酒雞豚，人扶半醉，民樂則神樂，神樂則德澤下降，被於昆蟲鳥獸草木者，咸得有以與其樂也。此皆大君胞與為懷，樂不私一己所以躋斯世於泰和仁壽之域也。

鄭維駒曰：神人以和，民神之樂也。率舞來儀，禽鳥之樂也。豫四爻由豫大有得，故大樂無間也。震為鵠，故稱禽鳥。

鈴木由次郎曰：四月七日，晝，胃七度，桐始華。水。間，間際，間隔。般，樂。與民偕樂，無所差別，故能大樂，民神禽獸皆樂。

文字校正：樂首次六：「大樂無間，民神禽鳥之般」，王涯注：「人神鳥獸各遂其性而般遊也」，按：訓「般」為「遊」，不如用范注「般樂也」之訓為長，般樂之義，承上「大樂」而來，可為互證。

測曰：大樂無間，無不懷也。

范望曰：懷，思也。思宗廟之中，事神明也。

次七：人嘻鬼嘻，天要之期。

范望曰：七為失志，鬼以論明〔窮〕。嘻，笑樂之貌也。家性為樂，故有嘻笑之驪。失志道窮，故要之以期也。六為七鬼，水王而火死也。

司馬光曰：宋、陸本嘻作卑，今從范本。要，於宵切。王曰：要，約也。

光謂：嘻，嘆聲也。七為福始而當夜，小人樂極禍來，人鬼共嘆，大命近止而不自知也。

林希逸曰：嘻，歎也。小人虐眾以自樂，人鬼共嗟怨之，得禍必速矣。要，約也。約少其期，言不久也。

葉子奇曰：嘻笑，樂聲，要，約也。七為失志過中，故其為樂不節，縱己瀆神，無所不至，其樂豈能久哉？然天已要約其期限也。

陳本禮曰：火，夜。嘻，悲恨聲，又笑樂聲也。《易》曰：婦子嘻嘻，失家節也。男女不正，日與家人嘻笑為樂，是其縱冷飲不節，慢神瀆鬼，故鬼亦恨而悲之。悲其大命近止，天已定期而要之矣。

鄭維駒曰：嘻與譆通。《左傳》襄公三十年：或叫於宋太廟曰：譆譆出出，鳥鳴於亳社，如曰譆譆。甲午，宋大災。七為火，天要之期，其有火祥乎！互艮為鬼。

鈴木由次郎曰：四月七日，夜，火。嘻，嘆聲。要，約。要期，約定期限。樂極則人神共嘆，天定樂之期，而不延長之。

測曰：人嘻鬼嘻，稱樂畢也。

范望曰：早宜自樂，水盛火衰，而天期訖也。

葉子奇曰：稱，舉也。

陳本禮曰：樂極悲來，故曰稱樂畢也。

鄭維駒曰：樂之畢禍之始也，稱者言也，蓋人鬼言之也。

文字校正：樂首次七測辭：「人嘻鬼嘻，稱樂畢也」，今范本、《集注》本同，宋衷、陸績本作「卑」，按：當作「畢」，言七已入禍，其樂將終也，作「卑」者，乃「畢」之形訛，二字形近易訛。爭首初一：「爭不爭，隱冥」，范注：「爭以正國，卑以致高」，盧校：「『卑』訛『畢』」，是其形訛之一例也。

次八：嘻嘻自懼，亡後愆虞。

范望曰：八，木也，到秋而懼，故先嘻嘻也。愆，過也。過虞不戒，故亡也。

司馬光曰：王曰：樂道將極，又居禍中，危之道也。然而得位當晝，善於補過，是於嘻嘻笑樂之中，而能自懼，則無愆過與憂虞矣。

葉子奇曰：八在樂世逢衰而知戒，故方嘻嘻而樂，復憣然自懼，恐其佚樂之過，其競惕戒慎若此，宜其亡彼之愆虞也。《詩》曰：好樂無荒，良士瞿瞿，此之謂也。

陳本禮曰：木，晝。

鄭維駒曰：以災自懼，故災亡。

鈴木由次郎曰：四月八日，晝，胃八度，木。愆，過。虞，恐。有過而嘆之時，若能善加慎懼而反省，則過與懼皆可消失。

文字校正：樂首次八：「嘻嘻自懼，忘彼愆虞」。嘉慶本、《備要》本同，范本、《道藏》本「忘」作「亡」，按：作「亡」是。《集注》：「而能自懼，則無愆過與憂虞矣」。「亡」即「無」，是《集注》本原文作「亡」之證，嘉慶本訛「忘」，《備要》本沿而未正。亡彼愆虞，故得終自保也（測辭），若作「忘」，則與測辭之意不合，亦可證也。范注：「過虞不戒，故亡也」，測辭注：「常自戒，則是救憂之道而終自安也」，范本贊辭注與測辭注一言不戒，一言常自戒，所言不同，測辭為宋衷、陸績舊注，贊辭注乃范氏新注（參見范注本序），故常有出入，此當以測辭注為是，范本贊辭注訓為滅亡之「亡」，誤也。

測曰：嘻嘻自懼，終自保也。

范望曰：保，安也。而常自戒，則自救憂患之道，而終自安也。

鄭維駒曰：懼以終始，震之道也。

上九：極樂之幾，不移日而悲，則哭泣之瑳資。

范望曰：九為極，家性為樂，樂極憂興，故哭泣。瑳資，憂哀之貌也。《易》曰：齎資涕洟，此之謂也。窮上反下，災在下旬，故（不）移日而悲哀也。

司馬光曰：幾，音機。瑳資與嗟咨同。陸曰：幾，危也。王曰：居樂之極而又當夜，故不待移日而悲至矣，則哭泣嗟咨也。光謂：三者戒之於思，五者戒之於福，九者戒之於禍，大指皆言樂不可極，使人始終反復常念之也。

鄭氏曰：幾，音機，危也，樂極憂興，危可知也。瑳，舊音嗟。按：此古嗟字。

林希逸曰：樂至於極，哀之幾也。其至不易日矣。瑳資與嗟咨同。即樂極則哀來之意。

葉子奇曰：瑳資，嗟咨，同歎聲也。樂為悲之本，悲為樂之原，反覆相倚，其幾微，間不容髮。九居樂極，不能自反，故不移日而有哭泣嗟咨之悲也。

陳本禮曰：金，夜。瑳同嗟。資同咨。幾，危也。

鈴木由次郎曰：四月八日，夜，金。幾，危殆。瑳資，同嗟咨。極樂則陷於危，未幾日既已悲，哭泣而嗟嘆。

文字校正：樂首上九：「極樂之幾，不移日（《備要》本訛「曰」）而悲，則哭泣之鎈資」，陸績曰：「幾，危也」，他皆無說，按：此「幾」訓危，不妥，《淮南・謬稱》：「君子幾」，注：「幾，終也」，《莊子・齊物論》：「適得而幾矣」，注：「幾，盡也」，「三子之知幾乎」，注：「幾，盡也」，應取此訓，以幾為終、盡，謂極樂終盡則轉為悲泣也。

測曰：極樂之幾，信可悔也。

范望曰：憂咎一至，悔何及也。

陳本禮曰：以上九之金遇下首之火，克在移日，故悲，信可悔，言樂不可極也。

鄭維駒曰：互坎為悔。

江紹原曰：讀者如不覺王注謬誤，范、司馬注泛而不切，則請看：《周易》離九三：日昃之離，不鼓缶而歌，則大耋之嗟，凶。象曰：日昃之嗟，何可久也。參照楊子雲所擬的《周易》句今譯：極樂關頭到：（幾，《周易》屢見，陸釋為危，恐未確。）悲生轉瞬間（「不」、「則」等於非此，則彼。關于移日，參看《淮南子十二・道應》篇：「夫物盛而衰，樂極則悲，日中而移，月盈而虧。」移日可意譯為「轉瞬」。「不移日而悲，則……」，等於「如果不是就要碰到了傷心事，便是……」，非「日未移而悲生」。范亦讀「不─移日而悲」。）更防時命絕，孤寡齊呼天。（哭泣之鎈資，之當訓與，參看《經傳釋詞》，裴學海《古書虛字集釋》，所舉之訓與例句。關於鎈資，參看《爾雅・釋詁》：「嗟咨，鎈也」。贊末明言時命絕，然我們律以聚上九，及《周易》萃上六離九二，似可斷言哭泣鎈資是哭喪。）全贊蓋言樂已到了盡頭，不久必發生變化，或者是傷心事就在眼前，或者是他本人亡故，如此而已，無他奧妙也。

爭

爭：陰氣氾施，不偏不頗，物輿爭訟，各遵其儀。

范望曰：一方三州三部一家，天玄，陽家，七火，上下，象訟卦。行屬於火，謂之爭者，言陽氣氾施於上，無私於下，故萬物爭訟而長，各遵其儀容，故謂之曰爭。爭之初一，日入胃宿九度。

司馬光曰：陽家，火，準訟。氾，敷梵切。施，式鼓切。頗，普何切。儀，宜也。陽氣氾施平均，物皆爭進，求遂其宜也。《詩・由儀》：美萬物之生，各得其宜也。

陳仁子曰：爭者陽盛而物競求者也。物求直而後有訟，物求遂而後有爭，故惟天下之剛者始能直而遂之也。訟者乾陽在上，力制坎險，故訟者各以公而言。爭者四陽一仕，能制萬物，故爭者各以矜而赴，《玄》曰：陽氣汜施，物與爭訟，則高高下下之窮無窮也，形形色色之盡無盡也，將爭赴陶冶之爐，而不自知其然也。問之大空，大空冥冥，吾不知其名。

葉子奇曰：汜，廣也。儀，則也。爭之初一，日入胃宿九度。

陳本禮曰：陽家，七，火，上下，卦準訟。《傳》：此時陽氣均勻普被，與物無私，何爭之有？而物竟有與之爭者，蓋物之受氣不齊，有喜陰而惡陽者。爭首屬火，物惡其燥，故又思陰，思之不得，故爭。爭之不已，故訟。各遵其儀者，儀，宜也。有宜乎陽者則遵陽，有宜乎陰者，則遵陰，此兩解之道也。

孫澍曰：爭故訟，君子以正志直體，謹封疆，睦四鄰，以蕃王國。

鄭維駒曰：儀，宜也，與由儀之儀同。萬物爭長有訟意，乾道無私，故各得其宜。

鈴木由次郎曰：第二十五首，一方三州三部一家。陽，七火。汜施，汜，廣。偏頗，偏而不平。儀，宜，宜遵之道。陽氣普泛施行而不偏頗。但爭首屬火，故物不喜其乾燥，萬物爭訟，各從其宜行之道。

文字校正：范注本爭首首辭：「陽氣汜施，不偏不頗，物與爭論，各遵其儀」。《集注》本「汜」作「氾」，敷梵切，范本《釋文》亦作「氾」，而曰：「芳劍、浮劍二切」，據此反切，知當作「氾」也。《說文》：「氾，濫也」，大徐孚梵切，「汜，水別復入水也，巳聲」，大徐詳裡切，《玉篇》：「氾，孚梵切，汜，詳子切」，《廣韻》此二字反切同大徐，知「汜」「氾」音義全異，非一字也。《太玄》原文當作「氾」，謂陽氣遍施也，范本作「汜」者，則為「氾」之形訛。

初一：爭不爭，隱冥。

范望曰：水性柔順，故爭為下。爭以正國，卑以致高，故隱冥也。

章詧曰：一居晝，君子也，處爭之世，潛德居下，心之所競，以道為勝，不形於外，不與物爭，故曰爭不爭，藏之在心，故曰隱冥。測謂道之素者，蓋謂道之本也。

司馬光曰：陸曰：素，質也。王曰：爭不爭，謂爭於未形之時，不見其跡也。光謂：一為思始而當晝，君子執道之素，爭於不爭之地，外無其跡，而物莫能勝也。

林希逸曰：隱冥，無形之中也。以不爭而善勝，默運於無形之中，此天道也。素即太素也。

葉子奇曰：一在訟初，陽能自訟，可以爭而不爭，是以隱忍不復見其跡也，則無訟矣。

陳本禮曰：水，晝。

鄭維駒曰：在火行宜爭，初水在下，故不爭，退然其身，淵然其心，故隱冥。

鈴木由次郎曰：四月九日，晝，胃九度，火。心中有爭，表面也要隱忍，爭之形跡不現於外。

文字校正：爭首初一：「爭不爭，隱冥」。范注：「水性柔順，故爭為下，爭居下流，道之美素也」。王涯：「爭不爭，謂爭於未形之時，不見其跡也」。司馬光：「爭於不爭之地」。按：三家所說皆非。爭不爭，句例同中首次八「黃不黃」、少首次八「貧不貧」、戾首次七「女不女」、傒首次八「禍不禍」、更首次七「更不更」、斷首次六「決不決」、親首次五「厚不厚」、大首次三「大不大」、度首次五「幹不幹」、昆首次五「穀不穀」、飾首初一「言不言」、窮首次二「窮不窮」諸句，皆謂當某而不某也，此謂處於爭世，當爭而不爭也。此贊為陽首陽贊，時當晝，辭例當休，故於爭訟之世而知隱遁，以避爭論，不與人爭也。「隱冥」二字可明此意，測辭：「道之素也」，素謂淳樸淡泊之意，《釋名·釋采帛》：「素，樸素也」，《呂覽·勿躬》：「不雕其素」，注：「素，樸也」，《淮南·本經》：「其事素而不飾」，注：「素，樸也」，例證甚多，不贅。素又訓質，質亦謂淳樸，《呂覽·上德》：「虛素以公」，注：「素，質也」，《禮記·仲尼燕居》：「不能樂於禮素」，鄭注：「素猶質也」，《文選·大將軍燕會詩》：「遺華反質」，注：「質謂淳樸也」，范注：「道之美素」，《集注》：「君子執道之素」，皆非其義，《太玄》之意蓋謂其道淡泊，不與世人爭也，正與贊辭「爭不爭，隱冥」之語意相符合，可為互證。范、王之注不言「不爭」二字之義，是其所解有礙而避之也。司馬光以為不爭之地，然此為爭首，「物與爭訟」（首辭），乃爭訟之世，何謂「不爭之地」乎，知其說亦非。

測曰：爭不爭，道之素也。

范望曰：爭居下流，道之美素也。

陳本禮曰：素謂直道，其實人或可以恕我也。

鄭維駒曰：願外則爭，素者獨行願也，何爭之有。

次二：嘛（原作赫）河矑。

范望曰：赫，虛也。矑，耗也。河為水，百川所聚，二者火也，而在火行，為火（原無為火二字）所乾，故虛耗也。

司馬光曰：嘛，呼駕切。矑，其俱切，瘠也。恫与怙同。口拒人謂之嘛。河之潰溢，誰能拒之。而矑瘠之人不量其力，乃欲以口嘛之，何足怙也。《詩》云：反予來赫。

林希逸曰：嘛，呼駕切。恫與怙同。以口拒人曰嘛。《詩》云：伊予來嘛。人不量力，如河方潰而以口嘛之，徒自矑瘠，何可怙也。

葉子奇曰：赫河，水鳥近人則悲鳴不去，人謂之護澤，故取以為好爭之象。矑，瘦也。夫訟中吉終凶，二之好爭如此，能無矑乎。

焦袁熹曰：赫河矑，火之火赫，能令河水大有減耗，若人之矑瘠也。火盛反能克水，終必自傷，故曰何可恫也。

陳本禮曰：火，夜。矑謂瘦瘠之人。二以火助火，恐物與陽爭訟，且惡一之水克己而傷世。河為四瀆之一，故用大言以恐嘛之，欲灼河使乾，畫出腐儒大言不慚形狀。

鄭維駒曰：坎為大川，故稱河。火盛，故有赫河之象。

鈴木由次郎曰：四月九日，夜，火，嘛，威嘛。矑，瘠瘦。瘠瘦之人不盡其力，以大言威嘛：燒乾奔流之河。此乃虛張聲勢，不足為怙。

文字校正：爭首次二：「赫河矑」（范注本），測辭：「赫河之矑，何可恫也」，《集注》本「赫」作「嘛」，呼駕切，范本《釋文》出「嘛」字，注：「音赫」，《集注》於「嘛」字無校語，又引《玉篇》「嘛」字之反切，知各本皆作「嘛」。范本《釋文》出「嘛」字，是范本原文作「嘛」之證。范注：「赫，虛也，矑，耗也」，《集注》：「以口拒人謂之嘛，矑，瘠也」，《集注》所釋於義為長。「嘛」即《莊子·秋水》：「仰而視之曰嘛」，《詩·桑柔》：「反予來赫」（《釋文》：「赫，本亦作嘛」，《一切經音義》引作「反予來嘛」）之「嘛」也。《莊子疏》：「赫，怒而拒物聲也」，司馬注：「嘛，怒其聲，恐其奪己也」，《詩箋》：「赫，口距人謂之嘛」，疏：「是張口瞋怒之貌」，《太玄》爭首用之，以喻爭訟之人，若依范本水火虛耗之說，則與爭訟文意無涉，不可取。

測曰：嘛（原作赫）河之矑，何可恫也。

范望曰：火水相害，不可怙怙也。

鄭維駒曰：水勝火，火不可愠火方盛，河水為耗，水又不可愠。凡爭以愠成，以終凶，知不可愠，則惕中而吉矣。

次三：爭射誾誾。

范望曰：誾誾，戲笑之貌也。三為進人，進德修業，在於大射，君子心爭，終無鬩恨，故誾誾戲笑也。

章詧曰：三居晝，君子也。處爭之時，以藝為勝，雖爭其勝，揖讓為先，禮貴於和，故誾誾然笑樂。其測曰君子讓鄰，鄰即儔黨也。

司馬光曰：范本誾作誾，今從宋、陸、王本。射，神夜切。誾，音銀。王曰：君子之爭，惟射而已，誾誾，勤至之貌。讓鄰與讓相近也，其意讀誾為懇也。光謂：誾與誾同。誾誾，恭讓貌。孔子曰：君子無所爭，必也射乎。揖讓而升，下而飲，其爭也君子。

葉子奇曰：誾誾，信厚敬讓貌。《禮》云：魯道之衰，洙泗之間誾誾如也是也。三為陽德君子，蓋君子無所爭，惟于射而後有爭，然其爭也，信厚敬讓，復誾誾然，則其爭也君子。取意《論語》。

陳本禮曰：木，晝。誾誾同，敬讓和悅貌。古者射以觀德，故有《鄉射》、《大射》禮文。誾誾者，見君子無爭，惟於耦射之際，其雍容揖讓如此也。

鄭維駒曰：鍾惺曰：退讓明禮，雖爭不爭。補：案：誾誾，當作齗齗，《史記‧魯世家》：洙泗之間齗齗如也，以其民扶老者，代其任，長者不自安，與幼者相讓，若有所爭辯，故曰齗齗如也。坎弓離矢，爭射象。

吳汝綸曰：用《魯論》。誾誾古今字。

鈴木由次郎曰：四月十日，晝，胃十度，木。爭射，《論語‧八佾》篇：「君子無所爭，必也射乎，揖讓而升，下而飲，其爭也君子。」誾誾，恭讓貌。君子競射以禮，故其爭者為謙讓。

文字校正：爭首次三贊辭：「爭射誾誾」，測辭：「爭射誾誾，君子讓鄰也」（范氏《解贊》，明萬玉堂本），司馬光《集注》本贊辭測辭皆作「誾誾」，范本《釋文》出「誾」字，是范本原文當作「誾」也。《集注》曰：「范本『誾』作『誾』，是范本宋時已誤。范氏《解贊》曰：「誾誾，戲笑之貌」，王涯曰：「誾誾，勤至之貌」，《集注》：「其意讀誾為懇也。光謂『誾』與『誾』同。誾誾，恭讓貌。孔子曰：君子無所爭，必也射乎，揖讓而升，下而飲，其爭也君子。」盧文弨《太玄校正》曰：「此與《史記》『洙泗之間齗齗如也』之『齗』同，相讓也。注以為喜笑，非。測作『誾誾』義同字異。錢廣伯云：『齗，齒

本也」，注以為戲笑之貌，蓋笑而至矧之意」。以上諸說皆非是。《太玄》用「戲」，乃「誾」之假字。《說文》言部：「誾，和悅而諍也」，「爭射誾誾」，猶謂君子爭射而和悅也。「誾誾」又作「齗齗」，謂辯爭之貌、鬥爭貌。《史記‧魯周公世家》：「齗齗如也」，《索隱》：「齗齗如也，讀如《論語》『誾誾如』也」，又引徐廣曰：「誾誾是鬥爭之貌」。《漢書‧公孫劉田王楊蔡陳鄭列傳》李注：「齗齗，辯爭之貌」，然則「誾誾之爭」之「誾誾」，亦爭之義也。誾、戲、齗，古皆疑母文部字，音同，故常通假。此為爭首，故言爭。司馬光引《禮記‧射義》之語，謂誾誾為恭讓之貌，實為誤解其意，不足為據。孔子之語，乃謂爭射。《禮記‧射義》鄭注云：「必也射乎，言君子至於射則有爭也」，又云：「是以射則爭中」，此皆君子爭射之義，絕無恭讓之意。司馬光恭讓之說，蓋誤會「揖讓而升」之語，不知此揖讓乃於升降之序，而非謂射也。鄭注云：「飲射爵者亦揖讓而升降」，是其義也，與射無關。射之爭者，爭中也。所以然者，《射義》云：「射中者得與於祭，不中者不得與於祭。不得與於祭者有讓，削以地，得與於祭者有慶，益以地」。進爵絀地是也。以其得與於祭、得進爵益地，故必爭中，故君子於射則必爭。知孔子所謂「君子無所爭，必也射乎，其爭也君子」，皆謂君子爭射也。然此爭非鬥狠之爭如小人爭利然，乃所以為禮也。《射義》云：「射者仁之道也」，又曰：「故射者進退周環必中禮，內志正，外體直，然後持弓矢審固然軍後可以言中，此可以觀德行矣」。又如孔子之為射也，賁軍之將、亡國之大夫、與為人役者不得觀，必幼壯孝弟、耆耋好禮、不從流俗、修身以俟死、好學不倦、好禮不變、旄期稱道不亂者始得觀之（詳見《禮記‧射義》），是君子之射為禮之證也。故君子雖爭射，猶和顏悅色以合乎禮，而非爭強好勝鬥狠之輩，故曰「爭射誾誾」也。而所謂戲笑之貌、勤至之貌、笑而至矧之說，皆與爭射之義不合。恭讓貌、相讓也，亦非爭射之爭，諸說皆非是。

測曰：爭射誾誾，君讓鄰也。

范望曰：揖讓而升，故讓鄰也。

鄭維駒曰：訟內坎互離，既濟坎離稱東鄰西鄰。水火不相射，讓鄰象。

次四：爭小利，不酋貞。

范望曰：貞，正也。酋，就也。四，金也。金以木為利，火世炎上，利以遠及，三則退，故曰不就。不就小利，故貞也。

司馬光曰：王曰：爭不以道，而爭於小利焉，宜其不就成貞正之道矣。

葉子奇曰：四為下祿，家性為爭，是爭小利，宜其不利貞也。

陳本禮曰：金，夜。

鄭維駒曰：以小利無傷於正，故爭。不知積不爭則酋貞，積爭則不酋貞也。

鈴木由次郎曰：四月十日，夜，金。酋，就，成就。爭小利，不能成就正道。

文字校正：爭首次四：「爭小利，不酋貞」，范注：「貞，正也，酋，就也」。是。又曰：「不就小利，故貞也」，此則非。蓋讀「小利不酋」為句也，茲當讀作「爭小利，不酋貞」，「不酋貞」謂不成貞正也，測辭：「小利不絕，正道乃昏也」，可證。王涯：「爭不以道而爭於小利焉，宜其不就成貞正之道矣」。王說得之。

測曰：小利不絕，正道乃昏也。

范望曰：小利為爭，故正道昏亂也。

次五：爭于逵，利以無方。

范望曰：五處中位，故稱逵。逵，九達道也。五為天子，執德中也。

司馬光曰：范曰：五處中位，故稱逵。逵，九達道也。光謂：五為中和而當晝，君子執道之要，統理之會，應變無方，物莫能爭。

葉子奇曰：逵，五達之大道也。五以陽德之君，獨能競進于大道，而其所利豈不廣博而無方矣哉。

陳本禮曰：土，晝。涂方九軌曰逵。五處中位，乃天子所都，四方商賈輻湊之地。無方者，土物富饒，各欲爭利於其所也。

鄭維駒曰：利見大人，故爭於逵。五能平天下之爭，故天下爭歸之也。

鈴木由次郎曰：四月十一日，晝，胃十一度，土。逵，九通之大道。爭於九逵之大道，宜隨機應變而無固定之方向。

測曰：爭于逵，爭處中也。

范望曰：三欲射上，為四所抑，故爭處中之位。

陳本禮曰：中逵之地，其利薄也。

鄭維駒曰：歸其有極，故爭處中。

次六：臂膊脛如，股腳膞如，維身之疾。

范望曰：膞，大也。枝大於幹，臣大於君，皆為疾也。六為宗廟，下之所奉，而在爭世，不降禮讓，故為疾也。

司馬光曰：王、小宋本脛作胜，其意音迭，腫也。今從宋、范、陸本。測曰臂脛如股，今從宋、陸、王本。范曰：枝大於幹，臣大於君，皆為疾也。光謂：臂膊脛如，言臂大如脛，不可使也。䐜，音嗔，肉脹起也。六以陰質過中極大，如臣之強盛，君不能制者也。賈誼曰：天下方病大腫，一脛之大幾如腰，一指之大幾如股。

鄭氏曰：膊，補各切，肩甲也。《說文》用髆，從肉從骨，其義一也。脛，舊故定切，胻也。䐜，舊音嗔，肉脹起。按：䐜，與瞋同。

葉子奇曰：脛，足也。䐜，腹脹也。臂膊之大如足股，腳之大如腹，此即尾大不掉之喻也。六以福祿隆盛之君，不能謹其政柄，使夫彊榦弱枝，以得居重馭輕之勢，遂致君弱臣強，政權倒置，人君孤立而無助，大姦根據而莫除，至是雖欲救之，其將能乎？

陳本禮曰：水，夜。䐜音嗔，腹膨脹也。六以陰質過中而當爭世，其手足之肥胖如此，顯有以小並大以下陵上之勢，故曰維身之疾也。引葉注。

鄭維駒曰：坎為水，脛如䐜如，蓋水腫之疾，巧言，《詩》所謂尰也。

鈴木由次郎曰：四月十一日，夜水。脛如，僵直貌。䐜如，肉脹起貌。臂與肩僵直而不能屈伸，喻君之力弱，股與腳肉大脹腫，喻臣下勢力強。此乃身之病。

文字校正：爭首次六：「臂膊脛如，股腳䐜如，維身之疾」，俞樾《諸子平議》以為《集注》釋「脛如」為「如脛」，與「䐜如」文句不一律，是，然謂「脛」當訓「直」，言其不能屈伸也，則於文意有所未至。測辭：「臣大隆也」，不能屈伸與臣大隆何涉？爭之次六辭例當咎，意謂處於爭世，下不奉上，而與上爭也，猶臣之勢力大隆，君不能制，所謂尾大不掉也。贊辭：「維身之疾」，測辭：「臣大隆也」，皆是此意，范注：「枝大於幹，臣大於君，皆為疾也」。又曰：「君微臣盛，是國之疾也」。《集注》：「如臣之強盛，君不能制者也。賈誼曰：『天下方病大腫，一脛之大幾如腰，一指之大幾如股』」，二說皆是。俞氏不從，而另訓「脛」為直，則與楊雄原意不符矣。然「脛如」亦與臣大隆之義不合，《集注》：「王、小宋本『脛』作『胜』，其意音迭，腫也」。俞氏以為胜為鳥胃（《說文》），於此殊非所施，其說是。然王本原文並不作「胜」，此乃抄手之形誤。《集注》：「其意音迭，腫也」。《說文》：「胅，從肉，失聲，讀與跌同」。跌、迭、胅，皆從失聲，古屬定母質部，胜，至聲，古屬透母脂部。胜，《說文》：「鳥胃也」，胅，《廣雅·釋詁》二：「胅，腫也」，然則可知《集注》

所謂當指「朕」字，而非「脛」字，是王本原文作「朕」，司馬光所見亦作「朕」，故曰「音迭腫也」。「朕」「脛」形近，今作「脛」者，當屬抄手筆誤。贊辭又言：「股腳膍如」，《說文》：「膍，起也」，范本《釋文》：「膍，肉脈起也」，《集注》用此義，然則「朕如」與「膍如」同，皆謂肉腫脹也，如此則與測辭「臣大隆」文意相應，蓋謂大臣腫脹喻其勢力過盛，已超過君主，可知贊辭當作「臂膊朕如」，始與「股腳膍如」相應，「朕如」「膍如」皆言腫脹而變大，以喻臣之勢力過大，故曰「維身之疾」，而測辭當作「臂膊之朕，臣大隆也」，贊辭不說臣而言身，身即君，測辭不言君而言臣，知臂膊股腳皆指臣，與「臣大隆」之「臣」相應，贊辭「臂膊」「股腳」皆指臣而言，身指君而言，贊辭測辭不用「君」字，只用一「臣」字，則與臣相對之君從可知矣。

測曰：臂脛如股，臣大隆也。

范望曰：君微臣盛，是國之疾也。

陳本禮曰：大隆二字諷諫諄切。史稱元始四年，加安漢公，莽號宰衡，五年升宰衡，位在諸侯王上，即于是年冬莽進椒酒弒帝，所謂維身之疾，臣大隆也。

次七：爭干及矛軸，用亨于王前行。

范望曰：干，盾也。矛，戈也。軸，甲也。亨，通也。七為戈兵，而在爭家，動作則爭，被甲荷戈，以禦不善，故利用通王之前道。

司馬光曰：王本爭干及矛作爭干及方，測曰干方之爭，今從諸家。宋、陸本用亨于王前行作用享于王前行，今從范、王本。軸與冑同。行，戶郎切。七為禍始，用兵以爭者也，故曰爭干及矛冑。用兵以爭，不以其私而從事，吉孰大焉。《詩》云：元戎十乘，以先啟行。

葉子奇曰：干，盾也。軸冑同。爭干及矛冑，是武臣急于赴敵，如鄭穎考叔爭車取蜃弧之類，是宜用于王之前行也。

陳本禮曰：火，晝。火在火世，故能助火。用享於王前者，即伯也。執殳為王前驅之意，此時椒酒尚未進，然亦岌岌乎有殆者之勢。故深有望於武臣之扞衛也。

鄭維駒曰：離為甲冑，為戈兵，前行者，前朱雀亦為火也。

鈴木由次郎曰：四月十二日，晝，胃十二度，火。軸通冑。身披甲冑，執干戈，而相爭，為王前驅，守君躬。

文字校正：爭首次七：「爭干及矛軸，用亨于王前行」，范本、《集注》本同，宋衷、陸績本「亨」作「享」，按：「亨」「享」古為一字，《說文》：「亯，獻也，從高省，曰：象孰物形，《孝經》曰：『祭則鬼亯之』，篆文『亯』」，段注：「據玄應《書》，則亯者籀文也，隸書作『亨』作『享』，小篆之變也」。知「亨」「享」原為一字，後人用為二字，由獻義而有奉上之義，《太玄》此贊當用奉上之義，用《詩·伯兮》「伯兮執殳，為王前驅」之意，謂爭干及矛軸（「胄」之異體），被甲執戈，以武勇奉獻於上，為王之前驅，以「衛君躬」（測辭語），故字當從宋衷、陸績本作「享」。

測曰：干矛之爭，衛君躬也。

范望曰：《詩》云：伯也執殳，為王前驅，此之謂也。

陳本禮曰：衛君躬三字，明明指點。

鄭維駒曰：爭以衛君，臣競於忠也。

次八：狼盈口，矢在其後。

范望曰：八，東方，寅為虎，故稱狼，亦貪狼之意也。雖當貪狼，求盈口之食，猶見謀活也，故矢攻在後。七為弓弩，以八為狼也。

司馬光曰：王曰：狼之噬物盈口，是爭不知後有害之者矣。光謂：狼性貪，但知務盈其口，而不知矢在其後，如小人爭利而不顧其害也。天文弧矢星在狼後。

林希逸曰：天文：弧矢星在狼星後，狼之噬物，方盈其口，而人在後射之，即螳蜋捕蟬，黃雀在後之意，言不知後禍也。

葉子奇曰：八以陰禍之資，猶狼之貪而食盈其口，但務充其眼前之欲，曾不悟其身後之災，宜其矢之及也，此豈不足為知得而不知喪者之戒哉。

陳本禮曰：木，夜。

鄭維駒曰：八為木，西方禽木狼，又，狼，星名，《史記·天官書》：狼下四星曰弧，故曰矢在其後。離為矢火，在木下，亦在其後象也。康成注：《是類謀》云：兔龍虎，東方之禽，又云：北方禽牛，然則宿禽之說，由來久矣。

鈴木由次郎曰：四月十二日，夜，木。狼性貪，只知盈其口，不知矢在後。小人爭利，不顧其害。

測曰：狼盈口，不顧害也。

范望曰：狼貪不已，弓矢在後，不顧其害也。

陳本禮曰：以狼比莽，切直顯亮。

鄭維駒曰：善顧不顧，以利忘害也。

上九：兩虎相牙，知掣者全。

范望曰：九八俱為虎，故稱兩虎也。家性為爭，金木相害，兩虎之爭，勢不俱生，兩君之爭，勢不俱立，其知命者，可以得全矣。金王木死，故命有所在也。

司馬光曰：宋、陸本測知所掣作製，范本作制，今從王本。掣，尺制切。王曰：爭之極者，莫如虎鬥而相牙，必有死傷之患。若能懼於患害，自掣而退，乃可以全，物不可以終爭，故於爭極而見自退之象。所以能知自退之道者，以陽當晝故也。光謂：掣，引也。

林希逸曰：相牙，相噬也。掣，尺制切，即卞莊子刺虎之說，兩虎相鬥既弊，則人皆取之矣。掣即制之意。

葉子奇曰：掣宜從測作制，謂知其相牙取勝之法也。九居爭極，是猶兩虎之相噬，勢不俱全，能知其所制則全矣。

陳本禮曰：金，晝。

鄭維駒曰：四九為西方、為猛、為齒，故有虎相牙象。《爾雅‧釋訓》：掣，曳也。曳有不進之意，知掣者全，全於不爭也。

鈴木由次郎曰：四月十三日，晝，胃十三度，金。掣，制。兩虎以牙互噬，必有死傷。知自制而退者，則可免禍。

測曰：兩虎相牙，知所制也。

范望曰：雖當俱爭，宜知彊〔弱〕所制服也。

陳本禮曰：相牙謂以牙相齧也。能知自掣，知天命也。其不知掣而退者，則必有以制之。《陰符經》曰：天之至私，用之至公，禽之制在氣，謂禽之以氣，制之以機也。

文字校正：爭首上九測辭：「兩虎相牙，知所制也」（范注本），《集注》本「製」作「掣」，宋衷、陸績本作「製」，按：當作「掣」。贊辭：「知掣者全」，各本皆作「掣」，測辭字當同贊辭作「掣」。范注：「宜知彊所制服也」，讀為制服，非是。《集注》：「掣，引也」，是，謂引退也。王涯：「懼於患害，自掣而退，乃可以全」，得其恉矣。

務

務：陰氣勉務，物咸若其心，而摠其事。

范望曰：一方三州三部二家，天玄，陰家，八木，上中，象蠱卦。行屬於木，謂之務者，言陽氣已布，勸勉萬物，及時長大，咸同其心，而總其事，故謂之務。務之初一，日入胃宿十四度。

司馬光曰：陰家，木，準蠱。入務次四，日舍昴。陽氣勉務而生物，物咸順其心而自憙，總其事而不二也。

林希逸曰：準蠱，事也。

陳仁子曰：務者陽以生物為意也。飾天下之蠱者，剛也，成天下之務者，亦剛也，故乾之初陽而居上，坤之上陰而居下，則上柔下蠱可飾也。《玄》之象蠱者曰務，蠱以事之壞而言，務以事之急而言，故無方之務，不許小人，蜘蛛之務，亦無益於人。玄之幹蠱，其先甲三日，知所急務而不容緩者乎。

葉子奇曰：務，事也。若，順也。務之初一，日入胃十四度。

陳本禮曰：陰家，八，木，上中，卦準蠱。《傳》：勉務者勉其力以成物也。此時物與爭訟，業已許其各遵其儀矣。然群陰無所附，陽以嚴父而代慈母，故凡雨露之所滋，陽和之所布，莫不煦育之長養之，俾其敷華就實，咸若其心而總其事，所以成之也，故謂之務。

孫澍曰：爭準蠱，日光午後以財成阜民，君子以立本向方。

鈴木由次郎曰：第二十六首，陰，八木，一方三州三部二家。陽氣努力而成就萬物，萬物皆從陽，陽喜而總行其事。

文字校正：務首首辭：「陽氣勉務，咸若其心，而摠其事」（嘉慶本），《道藏》本「摠」作「總」，范本作「揔」，阮元《十三經注疏校勘記》《周禮正義校勘記》以「揔」為正，「摠」與「總」為非，《說文》：「總，聚束也」，段注：「俗作『揔』」，《集韻》：「總，或從手，古作總、揔」，《廣韻》：「總，聚束也，揔，上同」，《玉篇》：「總，聚束也」，無「揔」字。按：此一字異體，本字當作「總」，揔、緫、摠，皆後起異體，並為訛體。《太玄》原文疑當作「總」，《集注》於此字無校語，知宋時各本無異文，今《道藏》本猶存其原貌，他本皆後世抄手寫作俗體，字之本義為聚束，引申而為括約、括束、統合等，謂總括其事也。

初一：始務無方，小人亦用罔。

范望曰：在務之初，故言始也。無方，無常方也。水出於泉，而流百川，

故無常也。罔謂小人之知，未知所向，猶泉初發蒙蒙然也。陰家之陽，故稱小人也。

章詧曰：一居夜，小人也。當經務之始，事未昭著，小人之知不能通曉，故曰用罔。無方即無定制也。事既未定，詎小人之可為，故測曰非小人所理也。

司馬光曰：范本作始用無方，今從宋、陸、王本。宋、陸、王本無人字，今從范本。一為思始，可以應變無方，然當日之夜，非小人之所能為也，故曰小人亦用罔。罔，無也。

葉子奇曰：居務之始，當隨事無方而為之，而小人乃用罔昧之道而忽之也，寧無敗事之及乎。

陳本禮曰：水，夜。

鄭維駒曰：罔，北方也，未有形也，君子能務於無形，言小人之罔非君子比，亦者亦君子也。

鈴木由次郎曰：四月十三日，夜，水。方，法。罔同無，無知。始用力而不合法則，小人以無知而行事。

測曰：始務無方，非小人所理也。

范望曰：無方之務，非小人之所能理也。

陳本禮曰：始務謂創為造作也。方者，準繩規矩也。君子明理，故能事事合法，小人才短，不能辦也。

次二：新鮮自求，珍潔精其芳，君子攸行。

范望曰：二為火，故稱新鮮。新鮮，清潔之貌也。求之於己，故自珍也。陰家之陰，故稱君子。攸，所也。精其芬芳，所行以道，故曰君子攸行也。

司馬光曰：王本芳作方，行作臧，今從諸家。二為思中而當晝，君子精潔其心，將以有為者也。

葉子奇曰：二居思中，知反覆而成乎務者也。新鮮則知所以去其舊而自求于珍美，潔精則知所以極其新而自致于芬芳，二者皆自新之事，其能進德如此，豈非君子之所行乎？

陳本禮曰：火，晝。

鄭維駒曰：蠱互震，為蕃鮮，巽為木為白，皆新鮮象，懷彼美者，寄興榛苓，攬眾芳者，託言蘭杜，馨其德，澤其躬，君子攸行，凡以為先務而已。

鈴木由次郎曰：四月十四日，晝，胃十四度，火。去除舊染之污，常自新其心，不斷修養，使自身有光輝。心潔精而芬芳，此君子之所為。

測曰：新鮮自求，光于已也。

范望曰：守道治身，光由己出也。

鄭維駒曰：木鮮於山，山之光也。行芳於身，君子之光也。輝光，艮象。

文字校正：務首次二測辭：「新鮮自求，光於已也」，范注本、《集注》本同，按：「已」當作「己」，形近而訛也。贊辭「新鮮自求，珍絜（《集注》本作「潔」）精其芳，君子攸行」，「自」與「己」相應，「新鮮」、「珍絜」與「光」相應，此謂君子之務，以自潔為首務，若作「已」，則與文意不合。吳汝綸：「據范本注無『求』字，范注：「求之於己，故自珍也」，范氏已言「求」字，故省作「絜珍」也，此非正文無「求」字之證。各本贊辭測辭皆有「求」字，范注亦言「求」字，吳說非是。范注本「潔」作「絜」，是，竈首次七測辭：「脂牛歐歔，不絜志也」，各本皆作「絜」，《說文》收「絜」字，無「潔」字，《新附》始收「潔」字，知楊雄時不當用「潔」。漢碑多寫作「絜」，如《校官碑》：「蹈公儀之絜」，《桐柏碑》：「禱絜沈祭」，《夏承碑》：「忠絜清肅」，皆可證也。

次三：不拘不掣，其心腐且敗。

范望曰：三在木行，陰家之陽，宜自抑損，制從於陰，而自推本，二木重生，故不拘也。宜制不制，故曰心敗也。

司馬光曰：宋、陸、王本其體不全作其體全，今從范、小宋本。掣，尺制切。三為思終而當夜，小人觸情而動，喪心虧體者也。

葉子奇曰：不拘不掣，不自檢束也。三以險柔自佚，既不知檢束其外，則無以涵養其中，寧無腐敗之失乎。

陳本禮曰：木，夜。木之叢生，必有蠹枝枯槎拘執之也。掣，翦剔也。蠹不去，蛀必入心，孔不剔，則雨必入腹，故曰其心腐且敗也。

鄭維駒曰：掣，牽也，即掣縱之掣。俗誤作瘈瘲。震足艮手，巽風動之，故有拘掣之疾。不拘掣而體不全，則痿痺不仁，視拘掣又甚焉。蓋不拘不掣，木其身也，心腐且敗，蠹其心也。三不自治，故有此疾也。

鈴木由次郎曰：四月十四日，夜，木。掣通制，制止。不能驅除喰木之蟲，制止其喰木，則蟲喰至木之中心而成洞穴，雨水浸入，於是其體腐敗，木不能用。

測曰：不拘不掣，其體不全也。

范望曰：臨事縱心，不拘體制，故敗不全也。既腐且敗，則大匠必不顧之而走矣。

次四：見矢自升，利羽之朋，蓋戴車載。

范望曰：四為金，故稱矢。矢而自升，羽之力也。羽金朋合，乃後而飛，猶君臣同心，乃馳風化也。四為公侯，故稱蓋車。車之載物，猶君子之濟世也。《易》曰：君子得車，尚可載也，此之謂也。

司馬光曰：二宋、陸測矢及蓋車作見矢及蓋，范作矢及蓋，今從王本。范曰：矢而自升，羽之力也。羽金朋合，而後乃飛，猶君臣同心，乃馳風化也。車之載物，猶君子之濟世也。

葉子奇曰：四以陽明之資，處當近君之位，能成其務者也，是猶矢升則羽隨，以蓋則戴，以車則載，言其物各付物，隨事制宜，莫不各適其用也。

陳本禮曰：金，晝。羽，箭翎，矢升故羽亦升，是得力于矢者也。蓋乃車上之篷，車載之行，是得力于車者也。朋友得位乘時，于友誼尤當篤摯。古諺曰：君乘車，我戴笠，他日相逢，下車揖。四以陽明之資，處近君之位，既不能明揚側陋，使野無遺賢，又不念故交良友，為之推轂扶輪，則他日相逢，豈能望其下車而揖我乎？故重有感也。

鄭維駒曰：巽為木，剡木為矢，巽為高，故升。震為鵠，巽為鸛，羽族也。蠱自泰變泰，乾初爻變而居坤上，坤為大輿。是大輿之上，戴以乾之蓋也。有矢即有羽，有車即有蓋，四為大臣，能體乎制器尚象之意，因乎道之自然而已。

鈴木由次郎曰：四月十五日，晝，金。昴一度。蓋，車蓋。矢能上升，在於其端有羽，矢以羽為友，二者合力而飛升。車之蓋在車之上以遮日，車亦載之而行。喻宜用良友而賴其力。

測曰：矢及蓋，厥道然也。

范望曰：然猶是也。濟世之君，故乃是其道也。

文字校正：務首次四測辭：「矢及蓋，厥道然也」（范注本），《集注》本「蓋」下有「車」字，是，范本誤脫。贊辭：「見矢自升，利羽之朋，蓋戴車載」，測辭：「矢及蓋車」，乃贊辭之省括，既言「蓋」，則當言「車」，止言「蓋」，語意不完，知當有「車」字。

次五：蜘蛛之務，不如蠶之緰。

范望曰：五為天子，而在陰家，有務之名，無益於世。五亦為裸，故稱蜘蛛。蜘蛛有絲，雖其勉務，非人所用，則不如蠶一緰之利也。

司馬光曰：緰，音須，衫帛也。王改作褕翟之褕，音遙。范曰：蜘蛛有絲，雖其勉務，非人所用，則不如蠶一緰之利也。光謂：五為織為衣為繭，小人事非其事，勞而無功，故有是象。《旅嫠》曰：不作無益害有益，功乃成。

鄭氏曰：緰，音投，《說文》：緰，貲布也。按：漢律民不徭貲錢二十三，所謂貲布者此也。注云：蜘蛛有絲，雖其勉務，非人所用，不如蠶一緰之利。一緰蓋貲布之數，至微者也。俗謂偷惰之蠶，共作大繭，而不堪繰，名曰緰工，言工作如此，法當小罰也。舊七侯切，非。

林希逸曰：緰音須，衫帛也。或作褕，音遙。褕，翟之服也。言蜘蛛雖巧，不如蠶可以為衣為服也。

葉子奇曰：緰，七侯切，緰，吐絲也。五在君位，資性陰暗，而不知所以為君之道，如蜘蛛之為事，雖勤無補，不如蠶之一緰，雖微有益，由是觀之，人君雖勤猶當務得其道，苟非其道，如秦皇之衡石程書，隋文之衛士傳殯，無補于治，終不免于亂亡也，可不監哉！

陳本禮曰：土，夜。緰音俞，繭外細絲。五在君位，不思所以治國安民之道，乃專務不經，若秦始皇之封泰山，禪梁父，遣徐市載童男女數千人入海求神仙，漢孝武之親祠竈，遣方士入海求蓬萊，安期生之屬，化丹砂為黃金，諸不經事，皆所謂蜘蛛之務也。曾何有裨於治安之一策乎？故曰不如蠶之緰也。

鄭維駒曰：蜘蛛處中而網乎四維，乃不如蠶之一絲。五當衣被天下而蜘蛛之務，亦可謂不知務矣。蠶三月卦，是月也，男出止田廬，有事於外，女務蠶桑，有事於內，故此亦以蠶言於文，皿蟲為蠱，蜘蛛蠶皆蟲也。

鈴木由次郎曰：四月十五日，夜，土。緰，繪有紋飾之絹織物。蜘蛛辛苦吐絲，於人無用，不如蠶所吐一根絹絲。

測曰：蜘蛛之務，無益人也。

范望曰：陰家之陽，無益於世人也。

鄭維駒曰：鍾惺曰：即終日七襄不成報章。補：後世若隋煬帝之詩，唐玄宗之曲，李後主之詞，宋徽宗之畫，元順帝之技巧，皆無益之甚者也。

江紹原曰：《法言》「蛛蝥之靡」俞解，與《太玄》「蜘蛛之務」義同。檢

《方言》十一，即知「毳氈」與「氈蝥」乃一蟲之兩個方名；靡、務，則皆為也。從糸作繘之字，王改為從衣作裕，范與司馬雖不從王，仍釋為「衫帛」之類。誠然有布名「繘祸」（見《急就篇》，《說文》作「繘貲」）。務次五之繘卻恐不是布名而是「愉」「偷」之借字，故其義與「務」（勸勉）相反而是無所事事。（《說文》有「愉」無「偷」，然似應失敗論）。繘如通愉，贊測辭便可今譯如下：蜘蛛雖勤，不如蠶偷懶。（或：蜘蛛忙著，不如蠶閑著。）解曰：蜘蛛雖勤，無益于人。（或：蜘蛛勤織網，人無所用之。）

次六：華實芳若，用則臧若。

范望曰：臧，善也。若，順也。六為陰，尊宗廟之道，既華而實，故善順也。

司馬光曰：范本無實字，今從宋、陸、王本。六為極大，務之大成者也。務之大成，莫若全德，華實兼茂，年時芳盛，則何用不臧也。

葉子奇曰：六以陽明，居福隆之地，才德之兼美者也。華實芳喻文質俱備，以是而用，其有不善者乎。

陳本禮曰：水，晝。

鄭維駒曰：風落山謂之蠱，春燦其花，秋老其實，則不蠱矣。在木行以水生之，故用之則臧。

鈴木由次郎曰：四月十六日，晝，昴二度。芳若，芳香貌。臧，善。華實兼備而美，用之則善，能行其利益於世中。

測曰：華芳用臧，利當年也。

范望曰：奉之以敬，年壽得其當也。

葉子奇曰：利當年，言其澤被當世也。

次七：喪其芳，無攸往。

范望曰：攸，所也。往火之所務，焚燒山林，不別嘉卉，故喪其芳也。芳而見喪，往復何之，故無所往也。

司馬光曰：喪，息浪切。范曰：七為失志，故德衰也。

葉子奇曰：疑缺一利字。和順積中，然後英華發外，今外喪其芳，則可以知其中之失矣，故無所利。

陳本禮曰：火，夜。七為火，芳遇火則焦，故曰喪。芳而見喪，往復何之，故無攸往也。引葉注和順積中至其中之失矣。

孫瀓曰：芳，馨也，喪其芳，則無遺於世，而後名不稱焉，是為德之衰也。

鈴木由次郎曰：四月十六日，夜，其芳美已喪失，無處可往，德已衰。

測曰：喪其芳，德以衰也。

范望曰：七為失志，故德衰也。

鄭維駒曰：《楚詞》云：傷夫鶗鳩之先鳴兮，使夫百草為之不芳，陽德衰，故芳喪也。

次八：黃中免于禍，貞。

范望曰：貞，正也。八為上中，在中曰黃，家性為務，務德與和，則禍不能害也。禍不能害，故正也。

司馬光曰：王曰：八居過滿，幾於禍者也。而得位當晝，以居上體之中，是得黃中之道以免咎悔者也。光謂：八為禍中而當晝，君子以中正為務，雖禍不害也。

葉子奇曰：八居上中，故能得中道而無過不及之偏，所以免于禍而不失于正也。

陳本禮曰：木，晝。

鄭維駒曰：八木成數，秋氣肅殺，唯免於禍，有陽氣以養之，則能以黃中免於禍中也。

鈴木由次郎曰：四月十七日，晝，木，昴三度，虹始見。黃中，黃為中央之色，指中庸之道。務行中庸，則能免禍，且為正。

測曰：黃中免禍，和以正也。

范望曰：居中免禍，行所致也。

鄭維駒曰：義之和，故正也。

上九：務成自敗，雨成自隊。

范望曰：金生水，故為陰家之陽，小人之道，家性為務，務本慮始，積小求高，便乃求成，故雨隊也。

司馬光曰：隊與墜同。王曰：處務之極，而失位當夜，則其所務之業雖成必敗，如陰成雨隊，必至之理，其可救乎。光謂：萬物營為，務成終敗，所以然者，小人功成驕惰，不能盡其天命故也。

林希逸曰：事功既成，不能自守，必至於敗，如雲既成，雨則自然墜落也，此非天命，自取之也。

葉子奇曰：墜音墜。九居事之極，是事既成，而復自敗，猶雨既成而復自墜之象，孽由自作，非莫之致而至者也。

陳本禮曰：金，夜。事之成敗有命，若勉強而務成之，如地氣之結而為雨，雨雖成終必自墜矣。

鄭維駒曰：以易隊者，狀易敗者也。蠱互兌，雨成自墜，兌澤下決之象。

鈴木由次郎曰：四月十七日，夜，金。隊通墜。勵精而為，成就其事，卻因驕惰而失敗。此與有雨必墜於地一樣。喻所為之道不正。

測曰：務成自敗，非厥命也。

范望曰：速則不達，非天命所祐也。

陳本禮曰：言敗非是命，務成之過也。

鄭維駒曰：言敗由自取，非天命為之也。

事

☰ 事：陽氣大勖昭職，物則信信各致其力。

范望曰：一方三州三部三家，天玄，陽家，九金，上上，亦象蠱卦。行屬於金，謂之事者，言陽氣大覆於萬物之上，以明其所生〔主〕職，各自信於時節而生長，致其力以成生民之業，故謂之事。事之初一，日入昴宿四度。

章詧曰：五陽之氣覆冒萬物，顯明主執之道，物乃信信然舒布，各盡其力以力事事，故曰致其力。

司馬光曰：陽家，金，準蠱。范本勖作冒，今從二宋、陸、王本。信與伸同。言陽氣勸勖萬物，皐膏聚莢，各明其職，物則信信自竭其力，各從其事也。務者有所營為，事者各職其事也。

鄭氏曰：事大冒，舊說蓋陽氣大冒昭職，謂其廣大覆冒昭顯職業也。勖乃勉務之謂，事則樂為不待勖也。

陳仁子曰：事者陽生物而無不遠者也。《玄》象蠱有二，先曰務，次曰事。《玄》經云：務自憙，傳者曰：自勉彊憙為也，蓋自我而言也。《玄》經云：事上作，傳者曰：萬物各致其力也，蓋自物而言也。務則以我而勉飭其蠱，事則舉天下之物而各飭其蠱，此無不事之事，再繼於務也。噫，至是則生者自生，無生之者，成者自成，無成之者。吾極其力而物莫不各極其至，夫何蠱不飭。

葉子奇曰：冒，覆幬也。信信，謹貌。事之初一，日入昴宿四度。

陳本禮曰：陽家，九，金，上下，卦準蠱。信同伸。《傳》：事與務同，而此獨名曰事者，此時陽氣覆冒，騰而上升，正人君當陽大有為之時也。在懋勤德政者，必有一備修己安人制禮作樂之事，在爾為鹽梅者，必有一番調和鼎鼐，致君澤民之事，所以昭其職也。信信者，物亦各致其力以冒於上，而鼓舞於駘蕩之中也。

孫澍曰：事準蠱，《太玄》以始事終事幹事，事無事。

鈴木由次郎曰：第二十七首，陽，九金，一方三州三部三家。信通伸，信信即伸伸，伸而又伸之貌。陽氣大覆萬物，昭明其使成萬物成長之功。萬物不斷伸長生長，各盡其力。

文字校正：事首首辭：「陽氣大勖昭職，物則信信，各致其力」（《道藏》本），嘉慶本「勖」作「最」，范本作「冒」，范注：「陽氣大覆於萬物之上」，《集注》：「陽氣勸勖萬物」，范本《釋文》：「陸注作『勗』，勗，勉也」，謂陽氣大勉其德，以昭其職，是字與義皆異，按：當作「冒」，訓盛，《國語·鄭語》：「戎狄必冒」，注：「冒，盛也」，《太玄》堅首首辭：「陰形肨冒」，范注：「言陰氣固盛」，王涯：「肨冒，密盛貌」，是冒有盛義也。冒猶茂也，《爾雅·釋天》：「太歲在戌曰閹茂」，李注孫注皆曰：「茂，冒也」，《淮南·天文》：「掩茂之歲」，注：「茂，冒也」，冒、茂音近義通，故冒可以訓盛。冒之本義謂蒙覆（《說文》：「冒，蒙而前也」，《易·繫辭上傳》：「冒天下之道」，注：「冒，覆也」，《漢書·王商傳》：「水猶冒城郭」，注：「冒，蒙覆也」），繁盛始能蒙覆之，故引申而有盛義，冒又訓貪，（《左》襄四年傳：「冒于原獸」，注：「冒，貪也」，《左》文十八年傳：「冒於貨賄」，注：「冒亦貪也」），貪則多，多亦有盛義，皆證冒可訓盛也。「勖」「冒」形近易訛，《書·君奭》：「迪見冒聞於上帝」，《釋文》：「馬本作『勖』」，《顧命》：「爾無以釗冒貢於非幾」，《釋文》：「馬、鄭、王作『勖』」，是其證也。宋、陸本「冒」已訛「勖」，《集注》本誤從之，嘉慶本「勖」又訛「最」，亦形訛也。「大冒昭職」，皆謂陽氣也，猶下言信信、致力皆謂萬物也，《集注》：「陽氣勸勖萬物，各明其職」，亦非是也，「陽氣大冒昭職」，謂陽氣大盛，昭明發揮其助物生長之職，故萬物得以伸展而各致其力也。

初一：事無事，至無不事。

范望曰：一，水也。晝夜不休，故言至無不事也。有事而云無事，不德其功也。性當歸下，子母相長，故無有事於世也。

司馬光曰：王曰：萬事皆理，豈有為也哉，正其本而已。然則處陽當晝，

居事之始，能正其本者也。光謂：一為思始，心，精之源，萬事之本也。君子澄其源，正其本，則事無不治矣。《老子》曰：無為而無不為。

葉子奇曰：一當事之初，能以無事為事，則至于無所不事矣。言其因事之自然而理之，則事無不可為矣。此用《老子》為無為無所不為之語。

陳本禮曰：水，晝。省事自然無事，至無不事者，天下事理萬端，要在理明物格。理明則天下無難辦之事，物格則天下無不能行之事。羲和之欽若昊天，大禹之平治水土，天下固無難行之事。

鄭維駒曰：不事於事，而後無不事，老子所謂無之以為用也。

鈴木由次郎曰：四月十八日，晝，昴四度。水。無事，《老子》：「為無為而無不為。」當做事時，要無為自然，不以有所作為為事，就沒有不能辦之事。

文字校正：事首次一：「事無事，至無不事」，按：此化用《老子》：「上德無為而無不為」句意，事、為義通，《韓非子・喻老》：「上德無為而無不為也」，注：「事，為也」。《荀子・性惡》：「不可學，不可事」，注：「事，為也」。《禮記・樂禮》：「事蕃濟也」，注：「事猶為也」，皆其證也。嘉慶本《集注》止云：「王曰：『萬事皆理，豈有為也哉，正其本而已』」，不言《老子》之義，《道藏》本《集注》「而已」下猶有「然則處陽當晝，居事之始，能正其本者也，光謂：一為思始，心，精之源，萬事之本也，君子澄其源，正其本，則事無不成矣。老子曰：無為而無不為」五十三字，正引《老子》之語，知嘉慶本《集注》有脫文也，或刊刻時有意刪去，當從《道藏》本《集注》。

測曰：事無事，以道行也。

范望曰：不言其功，道大行也。

陳本禮曰：道謂事之要領也。扼其要，挈其領，則事不煩而功易效，《老子》曰：為無為則無不為。

鄭維駒曰：事殽於萬，道貞於一也。

次二：事在樞，不咎不諏，喪其哲符。

范望曰：樞，始也。二為平人，始不咨諏，為一所克，以至於敗，故言喪其符也。

司馬光曰：諏与諏同，子侯切，又子于切。知與智同。符者，所守之瑞也。二為思中，故曰事在樞。樞者，榮辱安危所系之地也。事方在樞，思而未行，宜訪問於善以求至當，而當日之夜，愚而自用，不諮不諏，以喪其智符也。堯稽于眾，舜樂取於人以為善，孔子每事問。

鄭氏曰：諆，舊音諏，奏也。按：《集韻》：諮事為諏，或作諆，蓋奇字也。不當訓奏。悊，舊音哲。按：本亦作哲。

林希逸曰：諆與諏同，樞，事之始也。圖事之始，不謀於人，自奪其鑒也。哲符，此心至靈至明之喻也。

葉子奇曰：諆音諏，義同。樞，戶樞，事之機要也。哲符，至明之契驗也。然事在機要，二以陰暗，恃其一己而自用，曾不廣問兼聽咨諏于人，使夫理之至明驗者，則亦失之，豈非失其至明之契驗乎。《書》曰：好問則裕，自用則小，此之謂也。

陳本禮曰：火，夜。諆同諏。樞戶至符驗矣。

鄭維駒曰：事之榮辱，樞為之主，諮諏於善，方能生明，以握其樞，否則喪其作哲之符，必至於失中矣。二為火，於事為視，明作哲，故曰哲符。

鈴木由次郎曰：四月十八日，夜，火。樞，事之主干。咨，謀事。諆同諏，亦謀事。哲符，哲者智也，符其記號表徵。在做樞要之事時，恃私智而不廣咨諏於賢人，則自失己智。

文字校正：事首次二：「事在樞，不咨不諆，喪其哲符」。范注：「樞，始也」。《集注》：「樞者，榮辱安危所系之地（嘉慶本「系」訛「升」）也」，按：「樞」當訓中，謂居中為主也，范注非是，《集注》近之。《管子‧水地》：「其樞在水」，注：「樞，主運轉者也」，《法言》注：「樞者居中以運」，《素問‧陰陽離合論》：「少陽為樞」，王冰注：「樞者，謂以主動轉之徵」，是樞有居中為主之義，運轉皆為圓周運動，主之者居於圓心，即圓周之中，如在門曰樞，在車曰軸，故樞軸皆可訓中訓主也。今有中樞、中軸之語，即取其居中為主之義也。《太玄》之例，次二、次五、次八，為思、福、禍之中（《玄圖》：「二、五、八，三者之中也」，三者指思、福、禍三者），此為事首次二，故以樞言中也，意謂處於事首，居中為主，其所作為，實榮辱安危之所繫，然為陽首陰贊，當日之夜，不能明智處事，不咨不諆，愚而自用，終致喪其哲符而亡其智也。測辭：「不咨不諆，其知亡也」，「知」即「智」，義與「哲」通，「哲符」之「哲」，范本《釋文》作「悊」，《說文》：「悊，悊或從心」，《一切經音義》十二：「哲，古文喆、悊二形」，《漢書》多用「悊」，《太玄》亦喜用古字，《釋文》之「悊」，恐即《太玄》原文。今作「哲」者，恐為後人所改。

測曰：不咨不諆，其知亡也。

范望曰：事不咨於謀，故乃亡也。

次三：時往時來，間不容鏊。

范望曰：三為春，春秋冬夏，四時來往，氣數相襲，不容毫鏊也。

司馬光曰：王本無容字，今從諸家。三為成意，思慮既成，當決志而行，一失其時，悔無所及，故曰時往時來，間不容鏊。言得失之間，相去微也。

葉子奇曰：言事機之時往時來，間不容于鏊髮，惟知者不先時以強為，不後時以失機，隨時應變，故動必有成也。

陳本禮曰：木，晝。三為成意至相去微矣。

鄭維駒曰：時至則事起，時過則事失。春誦夏弦，士之時，出作入息，農之時，日省月試，百工之時，蠶月條桑，八月載績，女子之時，間不容鏊，其趨時也急矣。

鈴木由次郎曰：四月十九日，晝，昴五度，木。鏊，一根牛毛，喻細小。時過已往，則新之時就已來到，其間緊連，沒有放入一根牛毛的餘地。思慮若已成，則要決意而行，機會一旦失去，則後悔不及。

測曰：時往時來，不失趣也。

范望曰：四時來往，不失天地之趣也。

陳本禮曰：趣，向也。《易》曰：變通者，趣時者也。君子不先時而勉強，不後時以失機，適當其可曰趣。

次四：男女事，不代之字。

范望曰：四，陰也，而金居之，金者乾，故言男。在陰之位，故男女事也。男而女事，猶為不宜，況於字育，故不代也。

司馬光曰：王曰：事非其事，必之於凶。男而女事，事失之甚，何不代之字育乎。四失位當夜，乖於其宜，故云然也。光謂：男代女事則家凶，君奪臣職則國亂，明事各有常也。

林希逸曰：以男子而為女子之事，女之字育，亦可代乎。言人各有職業，非所事而事，皆失常也。

葉子奇曰：字，生育也。四在陰位，無復剛明，故男而為女之事，不幾乎代之為生育之為乎。言君行臣職也。

陳本禮曰：金，夜。

鈴木由次郎曰：四月十九日，夜，金。字，哺乳養育。男人做女人之事，是家之凶。哺乳養育孩子，是女人之事，男人不可代之。

測曰：男女事，非厥務也。

　　范望曰：男之代女，非其務也。

　　鄭維駒曰：女務於內，故婦無公事。男務於外，故男無女事。

次五：事其事，王假之食。

　　范望曰：五為天位，處於中央，政事所由，不違於道，為天所祐，故先王假之以福祿也。

　　司馬光曰：王曰：假，錫與也。光謂：事其事者，事其所當事也。恪居其任，故王與之食，受福祿也。

　　葉子奇曰：假音格，假如王假有廟之假，至也。五君位而當陽，是能自事其事，王宜格至于福祿之報也。言君而盡其君之道，受祿于天，不亦宜乎。

　　陳本禮曰：土，晝。假音格。假，錫與也。《易》萃亨，王格有廟，用大牲吉。五居天位而上近六，六為宗廟，事其事者，王者格恭敬祀，故用大牲，而諸臣之與祭者，亦各事其事，祭畢徹俎，君卿大夫各餕鬼神之餘，所謂王假之食也。

　　鄭維駒曰：五不自事，而百官之事皆其事也。頒粯詔祿，故假之食。食，互兌口象。

　　鈴木由次郎曰：四月二十日，晝，昴六度，土。假，賜予。努力去做應做之事，君王會賜予食祿。

測曰：事其事，職所任也。

　　范望曰：政事由上，故任其職也。

　　陳本禮曰：君臣有事於祖廟，各盡其職，所以任事也。

次六：任大自事，方來不救。

　　范望曰：宗廟之道，先祖所居，故任大也。自事以福，故言方來，不以其道，神弗恤也。

　　司馬光曰：六過中而極大，力小而任重者也，故曰任大自事。事方大來，故顛覆不救也。

　　葉子奇曰：自，由也。六居高位而處福隆之極，是當任之大者。顧乃聽其自由于事，曾不可否之，蓋人臣尸位素餐，懷邪迷國者之所為也，則其貽禍于將來可勝言哉。至于釁積禍成，雖有善者，亦無如之何矣。

　　陳本禮曰：水，夜。引葉注。自，由也至可勝言哉。

鄭維駒曰：大臣之事，國事也，君子也。國事而自事，則專國，君事而自事，則專君。鸞鳥一羽不能飛，大廈一木不能去。方來不救，咎自專也。

鈴木由次郎曰：四月二十日，夜，水。身當大任，卻不詳事之可否，任其自行，大事若來，則必顛覆而不救。

測曰：任大自事，奚可堪也。

范望曰：鬼神不救，不可堪也。

葉子奇曰：言不勝任。

次七：丈人扶孤，豎子提壺。

范望曰：七為祖父，故稱丈人。丈人，丈夫之人。五則其孫，介於大川，不近於母，故宜扶育也。壺，禮也。豎子謂九也。金為火孫，故稱豎也。提，用也。金宜克木，今用禮讓，不相克害，以成事家相扶之道也。

司馬光曰：王曰：七雖過滿，而得位當晝，不失事事之宜，是丈人有扶持孤弱之事，小子亦知提壺以致養也。

林希逸曰：丈人，老者也。老者扶其孤，而小子為之提壺，尊卑之分宜然也。

葉子奇曰：丈人，長者，豎子，幼子也。七以陽而知職，故能大小各任其事也。在長者則扶孤兒，在幼子則提壺也。猶君則盡君之道，臣則盡臣之職也。

陳本禮曰：火，晝。

俞樾曰：王曰：丈夫有扶持孤弱之事，然居次七曰老夫攔車，少女提壺，與此贊辭義相近，攔車與提壺並實指一事，然則扶孤與提壺亦當如之，若謂扶持孤弱之事，則虛實不倫矣。孤疑弧字之誤，《國語·晉語》：侏儒扶盧，韋注曰：扶，援也。然則扶弧者援弧也。《孟子·告子》篇：思援弓繳而射之，是其義也。丈人扶弧，小子提壺，弧壺對文，與《周易》睽上九先張之弧，後說之壺相似，《太玄》本準《周易》，楊子所見《周易》，蓋與京、馬、鄭、王本同也。

鄭維駒曰：蠱自泰變，諸爻所稱父母，皆指泰卦乾坤而言。泰乾老父，蠱艮小子，故曰丈人、曰豎子。扶孤者，慈幼也。提壺者，敬老也。二七為酒，酒以成禮也。提壺，艮手象。

鈴木由次郎曰：四月二十一日，晝，昴七度，穀雨。火。丈人，長者。弧，木弓。扶，援。豎子，幼子。長者取木弓以捕獸，小兒壺中灌入漿水，提出而迎接。

文字校正：事首次七：「丈人扶孤，豎子提壺」，范注：「提，用也，壺，禮也」，此訓未知何據，並無例證，似不可通。俞樾以為此「扶」當訓「援」，「孤」為「弧」字之誤，乃用《孟子·告子》：「思援弓繳而射之」之義，亦迂曲難通。王涯：「丈人有扶持孤弱之事，小子亦知提壺以致養也」，言丈人豎子各執其事，即首辭「各致其力」之意，測辭：「丈人扶孤，小子知方也」，言小人得丈人之扶持，而知致養以報恩也。正與贊辭之意相合，可證王說有理。若依俞樾「丈人援弓」、「小人提壺」，各為一事，互不干涉，便與「小子知方」之意不應，知其非也。

測曰：丈人扶孤，小子知方也。

范望曰：方，禮法也。用禮於六，故以釋九不克八也。

陳本禮曰：丈人，齒德俱尊之稱，幼而無父曰孤。七遇禍始，故丈人憐而扶之，豎子服勞奉養，以報其德，故曰小子知方也。

次八：女男事，十年不誨。

范望曰：誨，教也。八為長男，而在陰位，故女事也。十，陰數也。年，歲終也。以男為女，故終歲不教也。

司馬光曰：范本作男女事，今從宋、陸、王本。王曰：居位過滿而失位當夜，乖事之宜，是女代男事。十年者，數之極也。不誨者，不可教也。光謂：女任男事，則家不亨。臣侵君權，則國不昌。十年已往，力勢已成，不可復制，故女不承男之教，臣不受君之命也。

葉子奇曰：八位將極，在衰耄之期，且不知事之宜，則終于此而已矣。故曰十年不教，言終于不聞道也。曾子曰：年五十而不以善聞，則不聞矣，意與此同。

陳本禮曰：木，夜。引王曰八失位至不可教也。女任男事至君之命也。

孫澍曰：《書》曰：牝雞無晨，牝雞之晨，為家之索。

鄭維駒曰：互震為言為講，故稱誨。震巽皆木，女男事，是巽為震也。在金行，不受其裁制，故不誨。蠱彖先甲後甲，甲統十干，故曰十年。

鈴木由次郎曰：四月二十一日，夜，木。女人而做男人之事，縱使十年教誨也無用，家道不會繁榮。

文字校正：事首次八：「男女事，十年不誨」，測辭：「男女事，終家不亨也」（范注本），《集注》本「男女事」皆作「女男事」，按：《集注》本是，范

本誤倒「女男」二字，當乙之。事首次四：「男女事，不代之字」，測辭：「男女事，非其務也」，四既言男女事，則八不當重復，次四次八相對為文，意正相反，次四言男女事，意謂身為男子而行女人之事，知次八當言女男事，意謂身為女人而行男子之事，故一作「男女事」，一當作「女男事」。古人以為男為一家之主，女乃男之從屬，故為男子而行女子之事，謂之「非厥務，不代之字」（字，孕也，謂男不能為女子此事），其辭輕，若女子而行男子之事，則謂之「十年不誨，終家不亨」，其辭重，可知古於男女態度之異。由其辭之輕重，亦可知不當於次四次八均言「男女事」，而應有「男女事」、「女男事」之別。又據玄例，四為下祿，八為禍中（詳見《玄數》、《玄圖》），故四之辭輕咎，八之辭重咎，亦證其當有別也。范注：「八為長男，而在陰位，故女事也」，《太玄》無長男少男長女少女之說，范氏套用《周易》，不合玄意，且知范時「女男」二字已誤倒矣，宋衷、陸績本不誤，而《集注》本從之，是。

測曰：女男事，終家不亨也。

　　范望曰：男女易位，家道不通也。

　　葉子奇曰：亨，通也。

　　陳本禮曰：牝雞司晨，維家之索。

　　鄭維駒曰：治蠱者，終則有始，女而男事，是蠱終不治，故家不亨。

上九：到耳順止，事貞。

　　范望曰：貞，正也。到耳，逆聞也。順，行也。九在事家而為之終，終行時事，雖有逆聞之言，亦順其道而行之也。不以言先而舉於人，唯正是與，故正也。

　　司馬光曰：到與倒同。止與趾同。九為禍終而當晝，能納忠補過，不失正順者也。忠言逆耳利於行，良藥苦口利於病。

　　葉子奇曰：到，逆也。九居事之至極，然事之至極，莫大于納諫，故逆耳之言而能順聽之，則事有不得其正者乎。蓋忠言逆耳利于行也。

　　陳本禮曰：金，晝。止同趾。九為禍至利於病。

　　鄭維駒曰：互震為言，兌為口，四九為金為石，於事為言，金石之言逆於耳，而可以治蠱，順而行之則事治，而得其貞矣。巽為順，震為足，故稱止。

　　鈴木由次郎曰：四月二十二日，晝，昴八度，萍始生。金。到通倒，倒耳，逆耳。止通趾。順趾，正道而行。聞聽逆耳忠言而順行之，則凡事不失正道。

　　文字校正：事首上九：「到耳順上，事貞」（《道藏》本），范本、嘉慶本「上」作「止」，按：當作「止」，「上」乃「止」之形訛。測辭：「到耳順止（《道藏》本「止」亦作「上」），逆聞順行也」，到耳即逆聞，順止即順行，可證當作「順止」。《集注》：「『止』與『趾』同」，故《集注》云然，據此亦知當作「止」。若作「上」，則與測辭「順行」及《集注》「止與趾同」不合，知其誤也。

測曰：到耳順止，逆聞順行也。

　　范望曰：逆聞順行，隨事宜也。

　　陳本禮曰：自從首起，至事首止，為天玄第三九之九首，終。陽起陽終。